100
COISAS QUE PESSOAS DE SUCESSO FAZEM

Nigel Cumberland

100 COISAS QUE PESSOAS DE SUCESSO FAZEM

Tradução
Ivar Panazzolo Junior

Copyright © 2016, Nigel Cumberland
Título original: 100 Successful People Do
Publicado originalmente em inglês por John Murray Learning
Tradução para Língua Portuguesa © 2021, Ivar Panazzolo Junior
Todos os direitos reservados à Astral Cultural e protegidos pela Lei 9.610, de 19.2.1998.
É proibida a reprodução total ou parcial sem a expressa anuência da editora.
Este livro foi revisado segundo o Novo Acordo Ortográfico da Língua Portuguesa.

Produção editorial Aline Santos, Bárbara Gatti, Jaqueline Lopes, Mariana Rodrigueiro, Natália Ortega e Renan Oliveira
Preparação Audrya Oliveira
Revisão Pedro Siqueira
Capa Aline Santos
Foto do autor Arquivo pessoal

Dados Internacionais de Catalogação na Publicação (CIP)
Angélica Ilacqua CRB-8/7057

C975c
    Cumberland, Nigel
      100 coisas que pessoas de sucesso fazem / Nigel Cumberland ; tradução de Ivar Panazzolo Junior. — Bauru, SP : Astral Cultural, 2021.
      240 p. : il., color.

    ISBN 978-65-5566-132-3
    Título original: 100 things successful people do

    1. Negócios 2. Autoajuda 3. Finanças 4. Sucesso I. Título II. Panazzollo Junior, Ivar

21-0972   CDD: 158.1

Índices para catálogo sistemático: 1. Sucesso

ASTRAL CULTURAL EDITORA LTDA.

BAURU
Avenida Duque de Caxias,
11-70 - 8º andar
Vila Altinópolis
CEP 17012-151
Telefone: (14) 3879-3877

SÃO PAULO
Rua Major Quedinho, 111
Cj. 1910, 19º andar
Centro Histórico
CEP 01050-904
Telefone: (11) 3048-2900

E-mail: contato@astralcultural.com.br

Dedico este livro ao meu filho Zeb e a todos aqueles que trabalham para criar uma vida única e significativa, repleta de sonhos realizados com sucesso.

"Ninguém pode construir a ponte para que você cruze o rio da vida; ninguém além de você mesmo. Há, é claro, inúmeros caminhos, pontes e semideuses que podem levá-lo até a outra margem, mas sempre incorrendo em um grande custo pessoal; você vende a si mesmo e perde. Há, no mundo, somente um caminho que ninguém pode trilhar, exceto você. Aonde esse caminho leva? Não pergunte, apenas siga por ele".

Friedrich Nietzsche

SUMÁRIO

1. Siga seus sonhos 19
2. Peça ajuda 22
3. Crie o seu futuro 24
4. Tenha inteligência emocional 26
5. Faça o contrário 28
6. Divirta-se enquanto trabalha 31
7. Comece cada dia bem 34
8. Faça as pazes com seu passado 36
9. Faça pausas 39
10. Aprenda com a vida 42
11. Confie no seu instinto 45
12. Livre-se do estresse 48
13. Seja agradável 51
14. Diga "sim" 53
15. Diga "não" 56
16. Ofereça seu tempo a alguém 58
17. Concentre-se nas coisas que você pode controlar ... 60
18. Viva de acordo com suas possibilidades 62
19. Viva no "mundo real" 65
20. Concentre-se 67
21. Ame mais 69
22. Reinvente-se 71
23. Seja saudável 73
24. Perdoe os outros 75
25. Faça parte de uma tribo 77
26. Irradie confiança 80
27. Dê os créditos a quem merece 82
28. Pratique o desapego 84
29. Construa relacionamentos harmônicos 86
30. Viva conscientemente 88

31. Abra mão de certas coisas 90
32. Seja mais do que seu trabalho 92
33. Pratique o autoconhecimento 94
34. Abrace o envelhecimento 96
35. Seja tanto extrovertido quanto introvertido 98
36. Abra sua mente 100
37. Seja o melhor pai e a melhor mãe 102
38. Afaste-se da poluição 105
39. Saia da sua zona de conforto 107
40. Valorize as pessoas que estão mais perto de você 110
41. Busque e use a sabedoria 112
42. Imite os melhores 114
43. Tenha coragem de fracassar 117
44. Aceite-se 119
45. Observe e administre seus pensamentos 121
46. Lembre-se das pessoas 123
47. Descubra o que empolga você 125
48. Valorize o que você tem 127
49. Faça as pazes com seus pais 129
50. Ria mais 131
51. Seja (e continue sendo) uma pessoa única 133
52. Durma bem 135
53. Siga seu próprio caminho 137
54. Busque a simplicidade 139
55. Faça hoje 141
56. Prefira ter experiências em vez de coisas 143
57. Tenha objetivos claramente definidos 145
58. Concentre-se plenamente na leitura 148
59. Não se deixe abalar por ataques 150
60. Seja generoso 152
61. Alimente-se bem 154
62. Busque e crie harmonia 156
63. Volte para casa na hora certa 158
64. Trabalhe o quanto puder 160
65. Saiba usar a linguagem corporal 162
66. Escolha e mantenha seus amigos com sabedoria 164
67. Seja curioso 166
68. Faça o que você diz 168

69. Pare antes de clicar em "enviar" 170
70. Seja amigo do seu medo 172
71. Diga a verdade 174
72. Seja especialista em algo 176
73. Peça desculpas quando errar 178
74. Mantenha contato com velhos amigos 180
75. Mantenha o foco no que é importante 182
76. Abrace a tecnologia 184
77. Persista e não desista 186
78. Cuidado com vícios 188
79. Passe mais tempo fora de casa, com a natureza 190
80. Use sua inteligência com sabedoria 193
81. Concentre-se no caráter, não na popularidade 195
82. Diga adeus a pessoas tóxicas 197
83. Aprenda com seus avós (antes que seja tarde demais) ...199
84. Tenha um caráter sincero do qual você se orgulhe 201
85. Exerça a gratidão 203
86. Concentre-se em notícias boas 205
87. O sucesso genuíno não pode ser fingido ...207
88. Envelheça sem medo 209
89. Respire bem 211
90. Viaje a lugares distantes 213
91. Escreva um diário 215
92. Perca-se... E encontre-se novamente 217
93. Faça planos para o futuro 219
94. Crie uma lista de desejos e realize um por um 221
95. Ajude a sustentar o planeta 223
96. Conecte-se com algo maior do que você ...225
97. Desaprenda tudo 227
98. Seja o mentor de outras pessoas de sucesso 229
99. Deixe um legado 231
100. Não se arrependa de nada 233
     Posfácio 235

PREFÁCIO

por Marshall Goldsmith[1]

Todos sabemos o que queremos ser. Infelizmente, nem sempre é fácil ser essa pessoa todos os dias da nossa vida. Somos feitos de hábitos e sujeitos a gatilhos que moldam nosso comportamento; às vezes, esses gatilhos trabalham a nosso favor, e outras vezes trabalham contra. Atravessar com sucesso esse campo minado para se tornar a pessoa que você aspira a ser pode ser algo bem desafiador. O livro de Nigel pode ajudá-lo.

Esta obra propõe um código prático e inspirador para uma vida e um trabalho bem-sucedidos no século XXI. Nestas páginas, você vai encontrar lembretes poderosos sobre as muitas maneiras de fazer com que sua vida (e a vida de outras pessoas) tenha mais sucesso: no seu trabalho, na sua casa, em seus relacionamentos, com sua saúde, sua riqueza

---

[1] Dr. Marshall Goldsmith é reconhecido pela American Management Association como um dos cinquenta maiores pensadores e líderes de negócios que tiveram um forte impacto no campo da administração nos últimos oitenta anos, e também pela *Business Week* como um dos profissionais mais influentes na história do desenvolvimento da liderança. Marshall é reconhecido como o "Pensador número 1 da área de liderança no mundo" e está entre os cinco "Pensadores da área de negócios mais influentes do mundo". Também foi o principal coach executivo da cerimônia bienal de premiação *Thinkers50* de 2015, em Londres.

e na sua aposentadoria. Este livro vai ajudar a identificar o que o sucesso significa para você e lhe dar os insumos para tornar esse sucesso uma realidade.

Nigel tem certificação no meu método de Coaching Focado em Stakeholders — um processo baseado em feedback que pode ajudar qualquer pessoa a atingir seus objetivos de vida e de trabalho. As cem ideias e atividades coletadas aqui foram cuidadosamente selecionadas e projetadas para ajudá-lo a fazer o mesmo.

Assim como digo em meu livro *O efeito gatilho: Como disparar as mudanças de comportamento que levam ao sucesso nos negócios e na vida*, a diferença entre o sucesso e o fracasso é tão simples — e tão difícil — quanto dominar os gatilhos comportamentais que nos moldam. Os insights e as ações que Nigel propõe aqui estão em consonância com a mensagem do meu livro. Mas ler não é o bastante. Você precisa transformar essas ideias em ação. Por isso, quero estimulá-lo a executar as atividades e os exercícios.

No começo deste prefácio, eu disse que todos nós conhecemos a pessoa que queremos ser, mas ser essa pessoa é difícil. Esta é a sua chance de superar quaisquer obstáculos que estejam bloqueando seu caminho.

Leia e coloque as ideias em ação.

Marshall Goldsmith, PhD,
autor best-seller de O efeito gatilho

INTRODUÇÃO

O que o sucesso significa para você? Que tipo de sucesso você gostaria de ter na vida?

Por definição, sucesso é a realização de qualquer quantidade de possíveis objetivos, sonhos, aspirações ou metas. É algo bem pessoal e único, afinal, seu maior desejo pode ser a ideia que outra pessoa tem de uma vida infernal; você pode querer ser um cozinheiro premiado, enquanto sua melhor amiga detesta cozinhar.

Poder olhar para trás e dizer "Eu tive uma vida bem-sucedida" significa alcançar com sucesso uma variedade de metas e objetivos.

Este livro é o guia para realizá-los, desde os maiores e mais audaciosos até os menores e mais mundanos deles.

Pense um pouco nessa questão. O que significa sucesso para você?

- Ser promovido?
- Ter bons resultados em uma nova função de liderança no trabalho?
- Perder peso?
- Sair para correr todo fim de tarde?
- Tornar-se um escritor com livros publicados?
- Aposentar-se com saúde?
- Educar bem seus filhos e vê-los criarem suas próprias famílias?
- Estar em paz?

- Pagar as prestações da sua casa própria?
- Conquistar a qualificação dos sonhos?
- Seguir o que o seu coração ditar, sem arrependimentos?
- Ter pessoas maravilhosas em sua vida?
- Aprender uma língua estrangeira?
- Recuperar-se de uma doença grave?
- Economizar determinada quantia de dinheiro?
- Amar seu trabalho e nunca se sentir estressado ao desempenhá-lo?
- Ser feliz e estar contente com o que você tem?

Estas são apenas sugestões baseadas nos objetivos de clientes que oriento como coach. Pare o que estiver fazendo agora e elabore sua própria lista. Não se preocupe em organizar suas ideias. Apenas deixe que elas fluam da sua mente para o papel.

Sua lista provavelmente vai parecer infinita, e uma coisa é certa: ela vai mudar a cada dia. Você pode alcançar o topo de uma "montanha" e mesmo assim ter novos insights sobre outras montanhas que você nem percebia que estavam ali. As prioridades e os sonhos mudam.

Os cem capítulos que vêm a seguir vão ajudá-lo a alcançar qualquer tipo de sucesso que possa imaginar. As ideias estão relacionadas a todas as áreas da sua vida:

- Trabalho e carreira;
- Relacionamentos e paternidade/maternidade;
- Personalidade e caráter;
- Riqueza e finanças;
- Saúde e paz;
- Aprendizado e estudo;
- Aposentadoria e legado.

Cada capítulo apresenta um novo conceito que vai ajudá-lo a chegar mais perto dos seus objetivos. As ideias são apresentadas e explicadas no início de cada capítulo; em seguida são sugeridos exercícios e atividades, rápidos ou extensos, que você pode começar a fazer hoje para alcançar mentalidade, hábitos e comportamentos ideais para maximizar suas chances de sucesso.

Algumas atividades serão novas para você; outras vão parecer situações de senso comum. De qualquer maneira, é muito importante que você as faça. Elas foram criadas para formar novos hábitos e programar seu software mental. Apenas as pessoas de sucesso fazem essas coisas de maneira consciente ou intencional.

Você encontrará atividades para o momento presente e atividades para serem feitas depois, dependendo do que estiver acontecendo em sua vida. Se uma ideia ou atividade não for adequada ao que estiver acontecendo com você agora, deixe-a de lado e retome-a mais tarde.

Quem sou eu para falar de sucesso?
As ideias deste livro vêm da minha experiência de mais de quinze anos como coach e mentor de pessoas dos mais variados tipos e vivências espalhadas por todo o planeta. A partir desse trabalho maravilhoso, criei uma lista dos cem tópicos mais importantes em que precisamos nos concentrar para alcançar o sucesso genuíno em todas as áreas da nossa vida.

Eu mesmo pratico aquilo que ensino e trabalhei muito para alcançar alguns dos meus objetivos, permitindo que as falhas e os tropeços ao longo do caminho se tornassem meus professores e guias. Antes de prosseguirmos nesta jornada juntos, me parece adequado compartilhar um pouco da minha trajetória. Em meio século de vida, eu:

- Tenho um casamento maravilhoso e saudável com dois filhos fantásticos: um de dezesseis anos e uma enteada de vinte e quatro.
- Conquistei uma vaga na Universidade de Cambridge e consegui me tornar gerente financeiro regional de uma empresa da FTSE100 com apenas vinte e seis anos;
- Realizei o sonho de viajar e passei mais de vinte e cinco anos morando em mais de oito países;
- Fui cofundador de uma empresa de sucesso e a vendi em uma negociação multimilionária;
- Consegui me tornar um palestrante e escritor renomado;
- Segui a minha paixão por ajudar as pessoas por meio da minha instituição de coaching e mentoria, a Silk Road Partnership;
- Aprendi a ficar em paz com a situação em que me encontro e com o que tenho, e isso talvez seja o meu maior sucesso.

Só me resta desejar boa sorte na sua busca pelo sucesso. As ideias e as atividades que você vai descobrir aqui vão ajudá-lo a conquistar a vida de sucesso que é sua por direito.

01

SIGA SEUS SONHOS

"Você terá uma vida muito melhor caso se dedique às suas paixões. Pessoas que trabalham com as coisas de que gostam geralmente desfrutam muito mais da vida do que as outras, simplesmente porque estão perseguindo seus sonhos."
Richard Branson

Sonhos são o combustível para o seu sucesso. Sem sonhos é impossível haver qualquer sucesso importante e duradouro na sua vida. Como o motor de um carro sem combustível de qualidade, você corre o risco de viver uma vida que nunca chega realmente a começar.

Por trás de cada pessoa de sucesso há um sonho realizado. Eu orientei dezenas de pessoas bem-sucedidas e todas alcançaram o sucesso, concretizando pelo menos um de seus sonhos. Pode ter sido um sonho de infância ou um sonho que apareceu mais tarde na vida, mas sempre há pelo menos um sonho ligado a essas conquistas — algo que motivou, impulsionou, empolgou e cativou essas pessoas. Esse sonho se torna o objetivo que a leva a acreditar no impossível, a fazer mudanças inesperadas, a sair da zona de conforto e a assumir riscos que não haviam sido cogitados.

Quando somos adultos, frequentemente ignoramos ou nos esquecemos daquilo que realmente amamos. Nós nos deixamos levar pela orientação ou pelas expectativas das outras pessoas. E falo isso por uma experiência própria dolorosa: na escola eu adorava geografia, mas segui o conselho de outras pessoas e estudei economia na universidade. Acabei me tornando contador em vez de seguir meu próprio sonho de carreira. Você já tomou uma decisão parecida com essa em sua vida? Às vezes, você só percebe que não está seguindo seu caminho depois de muito tempo.

Pessoas de sucesso nunca se esquecem do que amam fazer e daquilo que desperta sua paixão. Elas aprendem rapidamente a seguir seu próprio caminho e a fazer as escolhas certas, não importa o quanto pareçam loucas ou impopulares. Basta olhar para Steve Jobs, o fundador da Apple, que abandonou os estudos em uma universidade de prestígio para seguir seus sonhos.

> Atrás de cada pessoa de sucesso há um sonho realizado.

ENTRE EM AÇÃO

Conheça seus sonhos
Qual é o seu sonho? O que você realmente quer alcançar? Quais sonhos você deveria perseguir? Faça uma lista usando palavras, desenhos e imagens. Isso pode ajudá-lo a enxergar a conexão entre suas ideias e descobrir objetivos e desejos que há muito estavam esquecidos. As perguntas a seguir podem ajudar:
- Quando criança, o que queria ser quando crescesse e por quê?
- Se o dinheiro não fosse relevante, que tipo de vida e trabalho você escolheria ter?
- Quais partes da sua vida, hoje em dia, você realmente ama e gostaria de vivenciar mais?
- O que gosta de fazer no tempo livre?
- Quais aspectos da vida dos seus amigos e colegas de trabalho lhe inspira?

Seja otimista
Pense em como vai conseguir realizar seus sonhos e observe se a sua mente começa a agir com medo e negatividade. Talvez ela diga "Estou velho demais e é tarde demais para fazer isso", ou "Agora eu estou casado e tenho as prestações da minha casa para pagar. Não posso fazer nenhuma grande mudança na vida", ou "Meus pais nunca vão apoiar minhas ideias". Pessoas de sucesso vão lhe dizer que sempre vai haver motivos para não fazer alguma coisa. Você só precisa encontrar a força e a coragem para dar um passo à frente e começar.

Crie soluções para realizar seus sonhos
Saber como realizar seus sonhos pode ser algo gigantesco e assustador. Os outros 99 capítulos deste livro vão lhe dar as ferramentas

e as soluções de que você precisa para perder esse medo. A chave é reconhecer onde você está agora, onde quer estar no futuro e descobrir como preencher qualquer lacuna. Não é fácil, então sugiro pedir ajuda àqueles que estão mais perto de você. O ideal é alinhar seus sonhos com os deles de modo que, juntos, vocês possam tentar realizar alguns sonhos comuns.

02

PEÇA AJUDA

> *"Qualquer pessoa que conversa consigo mesma com muita seriedade corre o risco de parecer ridícula; qualquer pessoa que é capaz de rir de si mesma consistentemente não corre esse risco."*
> Václav Havel

Dizer "eu não sei" requer coragem, mas é uma reação imensamente positiva e um sinal claro de que você não se leva tão a sério. Perceber quando você não sabe a resposta correta e ser honesto a respeito disso é uma das maiores habilidades que podem ser desenvolvidas. Se sua meta é a perfeição, você vai acabar se decepcionando. Quando você admite quais são seus pontos cegos, as pessoas se unem para ajudá-lo.

Uma quantidade enorme de pessoas age como se soubesse o que fazer em situações em que estão completamente deslocadas. Uma quantidade enorme de pessoas tenta demonstrar autoconfiança no que estão fazendo ou dizendo, quando, na verdade, precisam de ajuda. Há uma pressão imensa, tanto em casa quanto no trabalho, para você agir como se tivesse todas as respostas. O segredo é saber quando dizer "Espere um minuto. Eu realmente não faço a menor ideia".

> Se sua meta é a perfeição, você vai acabar se decepcionando.

Quando os eventos o desafiam, é tentador revidar e apegar-se ao que você acreditava, ignorando as opiniões das outras pessoas. Pessoas de sucesso admitem que estão erradas. A vida é imprevisível e incerta, você nunca estará certo o tempo todo. Às vezes, a melhor coisa a se fazer é relaxar, dar um passo para trás, admitir que seria bom receber ajuda e parar de se levar tão a sério.

ENTRE EM AÇÃO

Descubra seus pontos cegos
Pense na seguinte questão: você já se apegou teimosamente a uma perspectiva ou opinião, recusando-se a cogitar a possibilidade de que ela pode estar errada?

O que o deixou cego e por quê? Você consegue perceber se há um padrão na maneira que age? Você sempre quer ganhar as discussões que tem com seu companheiro? Você nunca leva em consideração o que as pessoas mais jovens lhe dizem? Você sempre detestou perder e vive com uma mentalidade de "vencer a qualquer custo"?

Tenha disposição para mudar alguns comportamentos e se tornar uma pessoa de mente mais aberta. No decorrer de um dia típico, ao tomar decisões, formar opiniões e dar respostas, desenvolva o hábito de perguntar a si mesmo: "Estou deixando passar alguma coisa? Há algum aspecto nessa questão que não estou enxergando?"

Você precisa de um "bobo da corte"
Descobrir seus pontos cegos pode ser difícil. Peça para familiares, amigos ou colegas de trabalho para serem seus "bobos da corte[2]". Assim como no castelo de um rei medieval, eles podem avisá-lo quando você estiver sendo teimoso além da conta, fazendo papel de palhaço ou levando a si mesmo a sério demais. O que você prefere: ouvir um bobo da corte lhe dizer que você cometeu um erro ou ser motivo de riso para outras pessoas?

Aprenda a rir de si mesmo
Pessoas de sucesso normalmente são ótimas em rir de si mesmas, de seus erros e das ocasiões em que seguiram o caminho errado. Esteja pronto para descer do seu pedestal e rir de si mesmo.

---

2 N.E.: O bobo da corte tinha licença para criticar a corte e fazia isso em forma de piada.

03

CRIE O SEU FUTURO

> *"O futuro não é algo em que entramos.*
> *O futuro é algo que criamos."*
> Leonard I. Sweet

Pessoas de sucesso nunca confiam no acaso ou no destino. Você pode olhar para uma pessoa bem-sucedida e achar que ela teve sorte — uma questão de estar no lugar certo na hora certa, talvez? A verdade é que toda sorte é o resultado de horas, ou até mesmo anos, de trabalho duro e preparação.

Não é o bastante simplesmente ter sonhos e um plano para transformá-los em realidade. Colocar um plano em ação envolve dizer a si mesmo que você vai criar seu próprio futuro; que a sorte e o destino não serão os únicos fatores a determinar o que acontece na sua vida. Você precisa da mentalidade correta e precisa assumir o controle da situação. Esteja pronto para persistir, trabalhar duro, fazer sacrifícios, assumir riscos e fazer o que for necessário.

Nunca se resigne a simplesmente aceitar o que o futuro lhe reserva. Oriento muitas pessoas que desistiram de tentar intervir no seu futuro. Elas abdicaram da responsabilidade por si mesmas, dando todo tipo de desculpa esfarrapada, culpando o azar ou outras pessoas pela vida que têm hoje e o futuro lhes é reservado. É fácil e simplista demais sentir que, se você ainda não alcançou o sucesso, não vai ter sucesso no futuro. Superar o pensamento fatalista é essencial se você quiser um futuro incrível.

Muitas pessoas de sucesso tiveram de superar adversidades para conquistar seus objetivos. Pense em Winston Churchill, que acumulou vários fracassos na sua carreira política antes de finalmente se tornar o primeiro-ministro do Reino Unido.

Não permitir que os acontecimentos do passado determinem o seu futuro é algo que começa na sua mente. O que você pensa e sente são a chave. Você consegue dizer e acreditar que está criando seu próprio futuro e, parafraseando o poema "Invictus" de William Ernest Henley, que você é o mestre do seu próprio destino?

> Toda sorte é o resultado de horas, ou até mesmo anos, de trabalho duro e preparação.

ENTRE EM AÇÃO

Não deixe que lhe joguem um balde de água fria
Você pode estar ansioso para compartilhar seus sonhos com sua família, amigos e colegas de trabalho, mas faça isso com cuidado. Muitas pessoas encaram a vida com aquela mentalidade do "copo meio vazio". Elas podem agir com cinismo, inveja, negatividade e ironia. Algumas pessoas que oriento compartilharam seus objetivos com pessoas amadas e ouviram coisas como "Você só pode estar brincando!" ou "Coloque os pés no chão!". Talvez algumas pessoas não compreendam seus planos no começo; dê algum tempo para que elas assimilem a ideia.

Procure ambientes solidários e receptivos nos quais você possa criar seu futuro. Talvez você precise se afastar de certas pessoas que são incapazes de aceitar e de encarar seus planos de maneira positiva.

Adapte sua perspectiva
Você está sentindo dificuldade em acreditar que pode criar um futuro fantástico para si mesmo? Crenças limitantes podem ser difíceis de superar, mas é mais fácil se você identificar de onde elas vêm. Hoje mesmo, anote tudo o que está impedindo seu progresso. É perfeitamente normal temer o pior, pensar que as coisas são mais difíceis do que realmente são. Quando conseguir delinear todas suas crenças limitantes, tente reconfigurar sua maneira de pensar. Você pode fazer isso olhando o lado positivo de situações ruins. Por exemplo, se você foi demitido de um emprego, reconheça que isso lhe dá a liberdade de procurar novas oportunidades.

Analise seus sonhos e planos futuros e se pergunte com o que você está mais preocupado. Pense na pior coisa que pode acontecer e se questione se é realmente possível que isso ocorra. Isso é uma razão que vai impedi-lo de criar o futuro que você deseja?

04

TENHA INTELIGÊNCIA EMOCIONAL

> *"A vida é 10% o que acontece com você e 90% como você reage a isso."*
> Charles R. Swindoll

Você já se sentiu culpado por reagir sem pensar, irritar-se rápido demais, agir movido pela inveja ou ser facilmente provocado? Perder o controle das emoções pode prejudicar sua chance de ter uma vida de sucesso. Isso pode ser a diferença entre o sucesso e o fracasso.

Exemplos de falta de inteligência emocional abundam à nossa volta: pessoas que batem boca no ônibus, pais que gritam com seus filhos na rua ou alguém irritado que insulta seu chefe enquanto lhe entrega a sua carta de demissão.

A inteligência emocional é um ingrediente essencial para uma vida equilibrada. Ela é o alicerce de um sócio, um pai, uma mãe ou um colega de trabalho de sucesso. Momentos de descontrole emocional destroem carreiras, casamentos, famílias e parcerias de negócios bem-sucedidas.

> A inteligência emocional é um ingrediente essencial para uma vida equilibrada.

É fácil achar engraçado alguém como o chef de cozinha Gordon Ramsay, que grita e insulta pessoas em seu programa. Mas, para garantir que sua vida seja bem-sucedida, você deve evitar fazer com que outras pessoas se sintam infelizes ou amedrontadas. E, para isso, é preciso controlar suas emoções. Se ficar irritado com alguém, aja conscientemente, de modo a não perder o controle nem reagir sem pensar. Senão você vai passar a vida se desculpando por ter perdido o controle.

Conseguir se colocar no lugar dos outros e ver a vida pelos olhos de outra pessoa é um sinal de empatia e inteligência emocional. Pessoas altamente empáticas raramente perdem o autocontrole e estão mais preparadas para lidar com o peso que a vida lhes joga nas costas.

ENTRE EM AÇÃO

Pare para refletir antes de reagir
Evite funcionar no piloto automático e reagir imediatamente, você pode se arrepender. Seja honesto consigo mesmo sobre o que está sentindo naquele momento, seja inveja, mágoa ou raiva. Nesses momentos, pare para refletir por alguns instantes antes de reagir de forma verbal ou não verbal. Fique em silêncio por alguns segundos e sente-se, se estiver em pé. As pessoas ficam mais calmas e pensam melhor quando estão sentadas. Se as pessoas ao seu redor estiverem esperando uma resposta, diga "Preciso de um momento para pensar nisso" para ganhar tempo.

Cansaço, excesso de trabalho e estresse podem fazer com que você reaja emocionalmente. Eu sempre aconselho aqueles que oriento tomar decisões importantes depois de uma boa noite de sono. Se você precisa escrever um e-mail difícil para alguém, é melhor esperar 24 horas depois de escrever o primeiro esboço antes de enviá-lo. Isso lhe dá tempo para refletir e revisar o texto.

Seja altamente empático
Reconhecer como os outros estão se sentindo e o que estão tentando expressar é uma habilidade fantástica a desenvolver. Os chefes mais memoráveis têm essa habilidade e são amados por causa dela. Que pessoas lhe servem de modelo e inspiração?

A verdadeira empatia não é esperar até que a outra pessoa se faça compreendida, mas sim você tentar fazer isso de maneira proativa. É preciso se esforçar para dar ao outro sua atenção e seu tempo de maneira plena; perguntar a ele como está se sentindo e se está conseguindo lidar bem com as coisas. E não se esqueça daqueles que estão mais perto de você. Nunca presuma que você sabe tudo sobre alguém. Evite se ocupar tanto a ponto de não poder se sentar e conversar com seus filhos, sócios e colegas de trabalho.

05

FAÇA O CONTRÁRIO

> "Observe o que a maioria das pessoas está fazendo e faça exatamente o oposto; assim, você provavelmente nunca vai errar na vida."
> *Earl Nightingale*

A menos que você considere que a maioria das pessoas é bem-sucedida, é bem provável que em algum momento você tenha de agir de maneira diferente daqueles ao seu redor. O sucesso pode assumir muitas formas, e frequentemente é uma questão de se destacar da multidão ou ser alguém acima da média, de perceber quando a multidão está se deslocando para um lado e ter certeza de que você precisa ir para o lado oposto.

Pensar e fazer o oposto do que a maioria está fazendo não é ser diferente apenas por querer ser diferente. Há muitas ocasiões em que o caminho mais conhecido e trilhado é o certo a seguir. Seu desafio é saber quando é melhor fazer o contrário:

- Seus amigos podem falar sobre estudar mais, mesmo que não ajam assim; mas você pode se esforçar para terminar aquele curso que tanto deseja em suas horas vagas;
- Quando os preços caírem e as pessoas venderem suas ações ou casas; você pode se opor a esse movimento e manter seu capital exatamente onde está;
- Poucas pessoas se exercitam regularmente ou comem de maneira saudável; você pode ser aquela que vai para o trabalho a pé, que faz exercícios e come alimentos saudáveis;
- Muitas pessoas só falam sobre largar seu emprego para seguir seu sonho de trabalhar como autônomos; você pode ser aquela que vai realmente fazer isso, se seus sonhos apontarem nessa direção.

Fazer o contrário pode deixar você desconfortável. Pode ser assustador e fazer com que se sinta sozinho e exposto. Nunca é fácil ser visto como aquele que nada contra a correnteza ou que ignora os conselhos que são dados por colegas, amigos e familiares; mas, se você estiver preparado para explicar o que e por que está fazendo isso, eles vão acabar compreendendo.

> O sucesso pode assumir muitas formas, e frequentemente é uma questão de se destacar da multidão ou de ser alguém acima da média.

ENTRE EM AÇÃO

Não há problemas em agir sozinho
Acostume-se a sentir um certo desconforto e a ser o "diferentão" da turma. Você não precisa justificar suas ações. As outras pessoas podem questionar sua lógica ou até mesmo sua sanidade mental — deixe que o façam.

Eu desisti de uma carreira lucrativa no mercado financeiro para trabalhar como autônomo. Quando fiz isso, muitas pessoas acharam que eu estava maluco surtado. Fiquei magoado na época, mas isso não mudou o desejo que eu tinha de ser meu próprio chefe.

Pratique a arte de fazer o contrário
Em que partes da sua vida você não está alcançando os resultados e conquistando os objetivos que deseja? Você está fazendo as mesmas coisas o tempo todo e obtendo os mesmos resultados? Pense no que você pode fazer de um jeito diferente para conseguir resultados melhores. Aqui estão alguns miniestudos de caso para pensar a respeito:

- Todo ano, você tenta se destacar no seu trabalho na esperança de ganhar uma promoção. Depois de três anos, você não recebeu nenhuma proposta. Faça o contrário: pare de se esforçar tanto. Tenha uma conversa honesta com seu chefe para entender o que está acontecendo. Talvez haja oportunidades melhores à sua espera em outros lugares e você precise pedir demissão do emprego atual;
- Você quer economizar mais dinheiro, mas percebe que, no final de cada mês, lhe sobra muito pouco. Faça o contrário: em vez de tentar poupar o que sobrou no fim do mês, separe uma parte do

dinheiro assim que receber seu salário. Coloque-a em uma conta de rendimentos da qual você não consiga sacá-la e viva com a parte restante do seu salário;

- Você quer conhecer alguém especial, mas não gosta de encontros às cegas. Faça o contrário: comece a praticar mais esportes e ser mais socialmente ativo para conhecer pessoas de um jeito mais descontraído.

06

DIVIRTA-SE ENQUANTO TRABALHA

> *"Chega um momento em que você deve começar a fazer aquilo que deseja. Encontre um emprego que ame. Um que lhe faça sair pulando da cama pela manhã. Só um louco insistiria em aceitar empregos de que não gosta apenas porque seu currículo vai ficar bonito."*
> Warren Buffet

Você gosta do seu trabalho? Fica feliz ao se levantar da cama a cada manhã e se vestir para ir ao escritório? Se você respondeu "não" a uma dessas perguntas, saiba que não está sozinho. Em uma pesquisa de 2014 do Conference Board, 52% dos norte-americanos disseram que estão infelizes no trabalho, e em um estudo recente do Instituto de Pessoal e Desenvolvimento (CPID, traduzido do inglês Charted Institute Personnel and Development), 23% dos britânicos declararam que estão à procura de um novo emprego. Na mesma pesquisa, somente cerca de um terço diz que se sente estimulado pelo seu trabalho. É possível ver os efeitos disso no absenteísmo, no estresse e na depressão. Inclusive, é possível perceber isso na hora do rush, no rosto cansado e triste das pessoas que estão voltando para casa.

Isso não seria um problema se o trabalho tomasse apenas uma pequena parte da sua vida, mas infelizmente ele consome a maior parte do nosso dia — 2.250 horas por ano, considerando nove horas de trabalho por dia, cinco dias por semana. Essa conta ignora o tempo que você gasta indo para o trabalho e voltando para casa, as horas extras e o tempo que passa lendo todos aqueles e-mails referentes ao trabalho antes de dormir.

A maioria das pessoas que oriento estão infelizes ou insatisfeitas com sua vida profissional. Elas descrevem o trabalho de maneira negativa: "chato", "tedioso", "entorpecedor", "estressante", "doloroso" ou até mesmo "assustador". Ouço opiniões parecidas quando viajo pelo mundo, não importa qual seja a história de vida das pessoas, o que estudaram ou qual carreira escolheram seguir.

A menos que você tenha se aposentado ou herdado uma fortuna, é preciso trabalhar para bancar suas despesas. Você tem obrigação consigo mesmo de garantir que o seu dia de trabalho seja o mais positivo e agradável possível, e tão divertido a ponto de não parecer que está trabalhando.

> Você tem obrigação consigo mesmo de garantir que seu dia de trabalho seja o mais positivo e agradável possível.

ENTRE EM AÇÃO

Torne seu trabalho mais agradável

Tente fazer mais daquilo que você aprecia e adora durante o horário de trabalho. Seria possível delegar as partes do seu trabalho que você não gosta? Pergunte ao seu chefe se vocês dois poderia fazer um brainstorm para encontrar uma maneira de mudar seu trabalho de modo a torná-lo mais envolvente e agradável. Nenhum chefe deveria querer que sua equipe ficasse desmotivada e deprimida.

Se não conseguir fazer isso, você precisa alterar a maneira de encarar seu trabalho: aprenda a parar de pensar nele como chato ou entediante; comece a considerar que o copo está cheio até a metade, em vez de vazio até a metade; e saiba encontrar os pontos positivos da sua rotina e da sua carreira.

Transforme seu local de trabalho em um lugar mais divertido

O que você pode fazer para que seu ambiente de trabalho seja mais leve, agradável e divertido? Converse com amigos e visite os escritórios em que eles trabalham. Copie as melhores coisas que perceber no ambiente de trabalho deles. Eu passei algum tempo em dezenas de escritórios diferentes. Alguns se destacam por serem lugares divertidos e agradáveis. São lugares em que:

- As pessoas riem, compartilham histórias e ouvem música;
- Há áreas para relaxar, com café e jogos;

- As pessoas parecem ser bastante positivas, gentis e civilizadas umas com as outras.

Seu trabalho pode ser chato e entediante, mas trabalhar em um ambiente com essas características pode realmente melhorar o ânimo.

Troque de emprego
Considere seriamente a possibilidade de pedir demissão e buscar outras oportunidades se não conseguir melhorar sua atividade e seu ambiente profissional. Encontre o trabalho ideal em uma empresa, aquele que você vai amar e se sentir bem. A vida é curta demais para permanecer em um emprego que o deixe deprimido ou infeliz.

07

COMECE CADA DIA BEM

> *"Sorria para o espelho. Faça isso todas as manhãs e você vai começar a ver uma grande diferença na sua vida."*
> *Yoko Ono*

Comece mal cada dia e você vai acabar dando adeus ao sucesso. O jeito que você começa o dia tem um papel importantíssimo no seu sucesso. Todo mundo conhece o ditado sobre "levantar da cama com o pé esquerdo". Pode não ser literalmente verdade, mas, metaforicamente, é 100% correto.

Quando você faz qualquer coisa na vida, sempre há razões pelas quais pode não ter sucesso. Atribui-se a Aristóteles o ditado de que "fazer bem-feito já é metade do caminho andado". Começar bem uma tarefa contribui bastante para que alguém a conclua, seja uma atribuição do escritório, seja preparar um prato para o jantar ou disputar uma partida esportiva. É como dar um bom empurrão em um carro que está parado para fazer o motor pegar no tranco.

> Comece mal cada dia e você vai acabar dando adeus ao sucesso.

Esse empurrão é bem parecido com a maneira como você começa seu dia. Você pode encontrar justificativas para não estar 100% — você não funciona direito de manhã; não dormiu o suficiente; o ônibus quebrou... O perigo é quando isso se transforma em hábito, quando você passa a aceitar que todos os seus dias comecem mal. Por que tentar recuperar o tempo e o ânimo perdidos todos os dias?

Isso se aplica às manhãs dos fins de semana também. Você está começando essas manhãs de um jeito positivo, independentemente se as usa para fazer as tarefas da casa ou para passar um tempo precioso consigo mesmo?

ENTRE EM AÇÃO

Adote alguns bons hábitos matinais:
- Acorde pelo menos trinta minutos antes do que você normalmente costuma acordar, isso vai fazer com que seu dia comece mais calmo, sem a afobação e o tumulto habituais. Passe alguns minutos meditando com uma música calma ou fazendo exercícios de ioga;
- Reserve um tempo para se sentar e tomar o café da manhã. Você passou a noite inteira sem se alimentar e precisa energizar seu corpo. Se você mora com outras pessoas, tomem o café da manhã juntos. Seja gentil e ajude-a a começar o dia de maneira positiva. Sorria, olhe nos olhos deles e pergunte como estão. Evite tocar em assuntos negativos, como alguma discussão que possa ter acontecido no dia anterior;
- Não importa se você vai a pé, de carro, de bicicleta, de ônibus ou de trem para o trabalho; escolha um trajeto relaxante e livre de estresse. Aproveite esse tempo para fazer coisas que o façam se sentir bem: escutar música, ler um livro ou até mesmo dormir;
- Chegue cedo no trabalho e pronto para entrar em ação. Passe algum tempo cumprimentando seus colegas e conversando sobre amenidades. Planeje suas tarefas, distribuindo-as ao longo do seu dia de trabalho. E não se esqueça de tomar aquela merecida e necessária xícara de café;
- Finalmente, tome um cuidado especial, caso não seja uma pessoa muito ativa pela manhã. Faça um esforço para agir sempre com positividade e alegria, tanto com sua família quanto com os seus colegas de trabalho.

08

FAÇA AS PAZES COM SEU PASSADO

> *"Alguns de nós pensam que o apego nos torna fortes; mas, às vezes, é o desapego que faz isso."*
> *Herman Hesse*

Você não pode mudar o seu passado; somente o que sente a respeito dele. Quando olha para trás, há alguma coisa que você se lembra que seja motivo de preocupação ou aborrecimento? Você se arrepende das oportunidades perdidas, dos relacionamentos fracassados ou pessoas que magoou? Você se culpa pelas coisas que fez errado, pelas decisões ruins que tomou ou fica ansioso pelo que as pessoas lhe disseram ou fizeram?

Você não está sozinho. Todos nós carregamos esses pensamentos e sentimentos conosco. Como eles podem afetá-lo hoje em dia? Eles estão impedindo que você conquiste o sucesso em alguns aspectos da vida? Você tem medo de se comprometer, de assumir riscos ou se sente preocupado com a possibilidade de repetir erros do passado?

Talvez você possa dizer "Não, estou bem e não sinto nada disso". Você pode se sentir bem e pensar que seu passado não o assombra. Mas saiba que, no inconsciente, você ainda pode ter esses sentimentos. Em todos os meus anos de orientação e coaching, nenhum dos clientes com quem conversei estava totalmente em paz com seu passado.

Tome cuidado para que sua memória não esteja afetada por vieses ao lembrar-se somente das coisas negativas relacionadaas a eventos passados e esquecer-se das positivas. É fácil pensar que você ficou magoado ou aborrecido no passado quando, na verdade, você apenas se lembrou de uma parte do que realmente ocorreu, como por exemplo:

- Sentir-se negligenciado quando seus pais queriam simplesmente lhe dar mais espaço para fazer suas próprias escolhas;
- Sentir-se culpado por ter se demitido do seu primeiro emprego porque não quis encarar as críticas do seu chefe, quando, na rea-

lidade, seu chefe era uma pessoa intratável com quem ninguém conseguia trabalhar.

> Você não pode mudar o seu passado; somente o que sente a respeito dele.

ENTRE EM AÇÃO

Tire a cabeça do buraco
Comece a explorar e a conversar sobre questões do seu passado. Não finja que tudo está bem quando não está. Eu tinha um amigo que, depois de se divorciar, passou mais de vinte anos sem conversar com seus filhos. Percebi como isso o havia afetado, como ele se tornara cínico e amargo em relação à vida. Ele fingia que as coisas não eram bem assim, dizendo "Se meus filhos não querem conversar comigo, tudo bem". Com o passar do tempo, ele finalmente se abriu para mim sobre a verdadeira sensação de perda e mágoa. E, desde então, reatou os laços com os filhos.

Entenda o que realmente aconteceu
Há momentos ou eventos no passado sobre os quais você não tem muita clareza? Tente descobrir o que realmente aconteceu. Converse com amigos e familiares. Se for preciso, faça hipnose ou outras terapias. Com sorte, você vai descobrir que não precisava sentir tanto medo disso. Não importa o quanto seja ruim, é impossível superar algo que você não compreende totalmente.

Resolva as coisas
Para conseguir ficar em paz, você pode sentir necessidade de enfrentar eventos do seu passado que precisem ser resolvidos. Coisas que você gostaria de poder conversar a respeito com pessoas que fizeram parte da sua vida. Você pode estar lidando com algo trágico, como assédio e abuso. É preciso coragem para lidar com isso, especialmente se essas pessoas do seu passado negam que fizeram qualquer coisa de errado. Persista; é muito saudável e catártico resolver aquilo que lhe traz problemas.

Deixe que o passado o ajude a ir em frente
Que sabedoria e lições das suas experiências passadas podem ajudá-lo

hoje? Talvez você consiga enxergar padrões em seu comportamento. Você foge de compromissos? Evita se pronunciar? Você sempre atrai para sua vida pessoas controladoras?

09

FAÇA PAUSAS

> "Cada pessoa merece um dia em que não haja nenhum problema para ser confrontado, em que nenhuma solução tenha de ser buscada. Todos nós precisamos nos afastar das situações que não se afastam de nós."
> *Maya Angelou*

Você seria parte dos 50% de pessoas do Reino Unido que não aproveitam todos os dias das férias a que tem direito anualmente? Essa estatística vem de uma pesquisa de 2014 da Harris, que também revelou que 45% dos britânicos trabalham durante as férias. Alguém aí se surpreende quando vemos o aumento de estresse, fadiga e síndrome de burnout relacionados ao trabalho?

Se não tirar folgas o suficiente, você corre o risco de ver sua carreira desmoronar. Aos 20 e tantos anos, eu era diretor financeiro de uma empresa em Hong Kong. Tive de trabalhar por longos períodos, todos os dias, durante meses. Não havia tempo para folgas ou férias. O estresse e a síndrome de burnout me afetaram, e decidi que precisava pedir demissão. Metaforicamente, era como se eu estivesse correndo em uma esteira por horas, em alta velocidade, e de repente caísse no chão.

Durante um dia típico de trabalho, quantas vezes você consegue parar e fazer um intervalo, afastar-se da mesa para recarregar as energias? Fazer poucas pausas pode acabar com sua produtividade. O escritor Stephen Covey, especializado na área de negócios, explica essa situação usando a analogia dos lenhadores: quando você está tentando derrubar uma árvore, é preciso parar de tempos em tempos para afiar sua serra. Ser workaholic e não fazer pausas vai desgastá-lo até você se tornar inútil.

Mesmo enquanto escrevo este livro, sei quanto a produtividade cai quando trabalho sem descansar. Quando sinto a minha concentração diminuir, faço algumas pausas rápidas para poder voltar energizado e me concentrar no que estou escrevendo.

Tirar férias mais longas vai ajudá-lo a se concentrar no que é importante e a decidir o que você quer fazer com seu tempo. Ao se afastar do ambiente normal e da rotina, você pode ter novos insights sobre o que está fazendo e o que quer fazer.

> Fazer poucas pausas pode acabar com a sua produtividade.

ENTRE EM AÇÃO

Faça pequenas pausas no decorrer do dia
Faça pausas de cinco minutos a cada 25 minutos. A cada duas horas, faça um intervalo mais longo. Esses intervalos curtos e regulares das suas tarefas de casa ou do escritório vão mantê-lo ativo, alerta e concentrado. Essa é a técnica pomodoro, uma ferramenta de administração do tempo criada pelo italiano Francisco Cirillo que teve resultados comprovados na redução da fadiga mental. Por que não compartilhar essa ideia com seus colegas de trabalho? Juntos, vocês podem passar menos tempo sentados em reuniões ou diante da tela do computador.

Quando sair de férias, fique de férias
Aproveite todos os dias das férias a que você tem direito anualmente. Divida-os em períodos menores, se achar melhor. Faça tudo o que puder para usufruir de todos esses dias. A vida é curta demais para não aproveitar os dias longe do trabalho. Planeje com antecedência, delegue suas tarefas e não sinta que você é indispensável. Uma quantidade enorme de pessoas que oriento se sentem culpadas quando saem de férias ou tiram folgas de maneira geral.

Quando estiver de férias, não entre no e-mail para verificar coisas de trabalho. Desligue o telefone profissional. Se necessário, diga que vai verificar as mensagens de voz e texto mais importantes apenas uma vez ao dia. Seu chefe apoia a sua "indisponibilidade" quando você está de folga? Se houver algum problema em relação a isso, converse com seu superior e tente chegar a um meio-termo. Tenha coragem de criar suas próprias regras sobre como você vai trabalhar nesse período, se é que pretende fazer isso nas férias.

Trate seus fins de semana da mesma maneira
Há dois dias de folga por semana. Estabeleça regras. Por exemplo, você vai verificar seu celular ou e-mail apenas uma ou no máximo duas vezes, no fim de semana. Caso contrário, como você pode esperar voltar renovado e cheio de energia para trabalhar na segunda-feira de manhã?

10

APRENDA COM A VIDA

> *"Os analfabetos do século XXI não serão as pessoas que não sabem ler e escrever, e sim aqueles incapazes de aprender, desaprender e reaprender."*
> Alvin Toffler

"Quando você para de aprender, você começa a morrer". A primeira vez que ouvi essa máxima de Albert Einstein foi quando eu tinha vinte e poucos anos. Na época, pensei que fosse algo sem sentido. E como eu estava errado! O aprendizado e o sucesso estão totalmente interligados. Não cometa o erro de pensar que o aprendizado termina quando você completa suas últimas provas. Eu pensava assim. Depois de terminar a faculdade, disse orgulhosamente à minha avó que enfim havia terminado de estudar. Ela riu e me disse que as pessoas nunca param de aprender, porque a vida constantemente nos ensina coisas novas.

Aprender não é simplesmente uma tarefa ou uma atividade. É um estado mental que consiste em escutar, explorar e abrir-se para o conhecimento. É estar disposto a reconsiderar o que você achava importante ou verdadeiro ontem. Que áreas da sua vida seriam beneficiadas se você tivesse uma mentalidade de aprendiz? Na sua maneira de controlar as finanças, de criar os filhos, de manter-se em forma ou de administrar as demandas do seu chefe?

Ainda bem que a vida é uma universidade. Tudo que você faz ou vivencia pode ensinar alguma coisa, desencadeando novos pensamentos, insights e percepções. Você pode se sentir inclinado a esquecer ou ignorar as experiências que não surtiram muito efeito, mas não faça isso; aprender com os próprios erros e com a dor é algo valioso. As maiores lições podem advir dos momentos mais difíceis da vida.

Aprender coisas novas, em si, é uma forma de sucesso — um processo de engrandecimento e aprofundamento do seu conhecimento e da sua sabedoria. Tente tratar tarefas tediosas, fáceis ou enfadonhas como oportunidades para aprender algo novo. Não perca o foco e não comece a trabalhar no piloto automático apenas porque seu trabalho é simples ou monótono, ou porque você já fez isso muitas vezes antes.

> Quando você para de aprender, você começa a morrer.

ENTRE EM AÇÃO

Que coisas novas você precisa aprender?

Você vive em um mundo de conhecimento e informação que evoluem constantemente. Podem ser relevantes e úteis em um dia e obsoletos no outro. Você está cercado pela necessidade de aprender coisas novas — novos processos, novas maneiras de pensar e novos produtos. O que você faz para se manter atualizado?

Você também precisa estar pronto para aprender a ter novas ideias e opiniões — sobre outras pessoas e, inclusive, você mesmo. É mais fácil ler o manual de uma TV do que reavaliar suas opiniões sobre um colega de trabalho. Você pode gostar de manter a mente ocupada enquanto se apega teimosamente a perspectivas obsoletas sobre a vida ou sobre as pessoas ao seu redor.

O que você aprendeu hoje?

No fim de cada dia, pergunte a si mesmo: "O que eu aprendi hoje? Como isso me ajuda a ter mais sucesso?". Às vezes, a resposta vai parecer óbvia. Outras vezes, talvez você não faça a menor ideia. Esse processo diário de autoquestionar-se fará você ter mais insights e mais entendimento. Elabore um diário. Anote suas respostas.

Haverá dias em que nem tudo acontece conforme o planejado. Reflita por mais algum tempo sobre que lições você pode tirar de tais momentos e eventos.

O que você precisa aprender em um nível mais formal?

Para alcançar seus objetivos, que tipos de aprendizado formal e treinamento você precisa? Será que uma qualificação em contabilidade ou design de interiores beneficiaria sua carreira? Uma certificação em educação ou nutrição iria ajudá-lo a realizar os sonhos da sua carreira? Se você adora cozinhar, por que não fazer aulas de culinária? Ou você simplesmente precisa de algumas aulas de francês para que suas próximas férias na Provença sejam mais divertidas?

11

CONFIE NO SEU INSTINTO

> *"Quando penso racionalmente e não confio na minha intuição... É aí que me meto em encrencas."*
> Angelina Jolie

A intuição é a arma secreta para alcançar o sucesso. Com que frequência você escuta o que sua intuição tem a lhe dizer? Intuição é quando:

- Você pondera suas opções e sente que uma delas é a melhor;
- Você precisa escolher alguma coisa e sua primeira opção parece não ser a melhor;
- Você tenta tomar uma decisão e um dos planos de ação parece ser o incorreto;
- Alguém faz com que você se sinta desconfortável e nervoso;
- Uma situação em que você está envolvido lhe causa uma sensação de perigo e uma urgência de sair dali;
- Você sente que algo que está fazendo não está certo;
- Você sente que alguém está com problemas e vai ao encontro dessa pessoa;
- Você tem um palpite de que vai ser ótimo trabalhar com seu novo chefe.

Você já tentou despertar sua intuição se perguntando: "O que sinto a respeito dessa pessoa, dessa situação ou dessa decisão?". Confiar na sua intuição pode ajudá-lo no ambiente de trabalho e em outros lugares. O perigo é quando você deixa que ruídos externos abafem o que ela está tentando lhe dizer, deixando as perspectivas e as opiniões de outras pessoas terem prioridade sobre as suas próprias.

Tenha a autoconfiança necessária para escutar sua intuição. Pessoas de sucesso sabem quando usar diferentes ferramentas e habilidades e quando devem seguir sua intuição. Bill Gates diz que para tomar decisões e enfrentar escolhas, é preciso levar em consideração os fatos e as informações que estão disponíveis, mas também escutar o que sua intuição lhe diz. O renomado jornalista Malcolm Gladwell descreve isso como usar e equilibrar pensamento dos tipos instintivo e deliberativo.

> A intuição é a arma secreta para alcançar o sucesso.

ENTRE EM AÇÃO

Supere suas dúvidas

Você pode achar que a ideia de escutar sua intuição é estranha ou até mesmo ridícula. Algumas pessoas que oriento, normalmente aquelas que têm a metade esquerda do cérebro predominante e que pensam o dia inteiro através de lógica e fatos, como engenheiros e contadores, não estão acostumados a seguirem sua intuição e seus sentimentos. Em vez de perguntarem a si mesmos "O que eu estou sentindo?", eles ficam mais confortáveis de se perguntarem "O que os fatos estão me dizendo?".

Para conseguir se abrir à possibilidade de trabalhar com sua intuição, pense em uma ocasião em que:
- Você teve de adivinhar o que devia fazer e acabou tomando a decisão correta;
- Você ignorou um palpite que teve e escolheu outra opção, mas descobriu depois que a sua intuição estava certa desde o princípio.

Você não precisa parar de ser lógico, racional ou guiar-se pelos fatos. É possível usar esses dois tipos de pensamento: o racional e factual, ao mesmo tempo que pensa de forma mais instintiva e focada nas suas sensações e emoções.

Fique parado e escute a si mesmo

A maneira mais poderosa de conseguir escutar sua própria intuição é ficar em silêncio. Encontre um espaço tranquilo, pare o que está fazendo e acalme sua mente. O objetivo é eliminar todo o ruído que existe na sua cabeça; todos os pensamentos que surgem de repente.

Participar de aulas de meditação é uma boa maneira de começar. Um professor pode guiá-lo no processo. Depois, quando estiver mais confortável com a técnica, você vai poder fazer isso sozinho.

12

LIVRE-SE DO ESTRESSE

> *"O estresse é o lixo da vida moderna. Todos nós o geramos, mas, se você não se livrar adequadamente do seu, ele vai se acumular e atrapalhar todos os aspectos da sua vida."*
> Terri Guillemets

O estresse pode destruir a sua vida. Ele esmaga seus sonhos sem dó e rouba sua felicidade. Ele pode acabar com sua saúde, gerar tensões em casa e arruinar os seus planos de carreira. O estresse ataca quando você não está em paz ou quando se sente desconfortável com algum aspecto da sua vida, e praticamente tudo é capaz de desencadeá-lo. Por exemplo, quando:

- A pressão que seu chefe exerce sobre você é insuportável;
- O caminho de casa para o trabalho (e vice-versa) o deixa tenso;
- As exigências e os pedidos do seu companheiro o deixam esgotado;
- As longas horas que você precisa cumprir na empresa o deprimem;
- Você cometeu um erro ao escolher a carreira e isso o desanima;
- Você não consegue desfrutar de um tempo para si;
- Você se preocupa com a saúde ou o sucesso educacional dos seus filhos.

Às vezes, você sabe exatamente qual é a causa do seu desânimo e esgotamento. Outras vezes, pode não perceber que há alguma coisa errada até começar a sentir o estresse no corpo. O estresse é algo muito pessoal, mas, independentemente da causa, os sintomas são sempre os mesmos. Você já sentiu algum destes?

- Falta de energia;
- Falta de apetite;

- Dor nas costas;
- Insônia;
- Visão embaçada;
- Dor de cabeça;
- Depressão;
- Cansaço;
- Irritabilidade ou raiva;
- Apatia ou falta de vontade de fazer qualquer coisa.

Meu pai sempre me dizia: "Daqui a um ano, você já terá esquecido o motivo pelo qual estava estressado hoje. Então, por que se estressar?". Infelizmente, a maioria de nós fica estressado mesmo assim. A questão é a seguinte: o que podemos fazer a respeito?

> O estresse esmaga seus sonhos de maneira implacável e rouba a sua felicidade.

ENTRE EM AÇÃO

Administre os efeitos antes que se tornem crônicos
O estresse pode impactar seu bem-estar e sua saúde:
- Em geral, ele se manifesta fisicamente, com sintomas que são fáceis de identificar. Seu corpo dá sinais claros de que você está estressado por meio de músculos enrijecidos, dor nas costas, visão embaçada, cansaço e tontura?
- Você pode ficar emocionalmente estressado. Você fica irritado, apático ou bravo com as pessoas mais próximas?
- Você pode ficar mentalmente estressado. Os alertas são: esgotamento mental, síndrome de burnout, cansaço e incapacidade de se concentrar e de pensar com clareza.
- Você pode ficar espiritualmente estressado. O estresse no trabalho pode levá-lo a questionar o que é importante para você e o que você quer fazer com a sua vida.

Quando você percebe o quanto está sendo afetado pelo estresse, é mais fácil melhorar. Ter vontade de mudar é o primeiro passo. Há muitas opções, dependendo do quanto o estresse esteja lhe afetando, mas os efeitos podem ser reduzidos de maneiras simples e práticas, tais como dormir melhor, fazer exercícios e massagens, meditar, relaxar, sair de férias, comer alimentos saudáveis e marcar uma consulta com um quiroprático. Mesmo assim, essas soluções serão apenas paliativas. Você precisa estar pronto para lidar com as verdadeiras causas do seu estresse.

Ataque as raízes da causa
Seu objetivo principal deve ser conseguir viver uma vida livre de estresse. Isso pode envolver tomar algumas decisões difíceis, tais como gastar menos tempo e energia com certas pessoas ou situações específicas. Pode exigir um pedido de demissão de um emprego muito estressante ou uma ruptura de um relacionamento abusivo. Os conselhos descritos neste livro podem ajudá-lo a executar as mudanças necessárias para fazer seu estresse desaparecer.

13

SEJA AGRADÁVEL

> *"Se quisermos que os usuários gostem do nosso software, precisamos projetá-lo para que se comporte como uma pessoa agradável."*
> Alan Cooper

Uma verdadeira vida de sucesso é repleta de amigos; assim, é melhor quando as pessoas gostem de estar perto de você. Se desconfia que elas não gostam, pense cuidadosamente se você demonstra boas qualidades, tais como ser bom ouvinte, ser confiável, gentil, generoso, compassivo, divertido e positivo ou se essas qualidades não são visíveis em você. A boa notícia é que você pode aprender a ter e a demonstrar tais qualidades, mesmo que não elas não lhe ocorram de maneira natural.

Claro, muitas pessoas que são bem-sucedidas na vida não são totalmente agradáveis com as outras pessoas. E tenho certeza de que você provavelmente consegue pensar em algumas pessoas de sucesso — que você admira muito —, com as quais, mesmo assim, você evitaria ter uma relação mais próxima. Esse parece ser um tipo bem solitário de sucesso.

Tente ser agradável, mas permaneça fiel a quem você realmente é. Haverá momentos em que você vai ter que fazer ou dizer coisas que não terão muito apelo popular. Se construiu uma boa reputação, você vai passar por essa situação sem muitos problemas.

As pessoas sabem que decisões difíceis têm que ser tomadas e, se você fez vários depósitos na sua "conta-corrente de pessoa agradável", os outros podem detestar a decisão, mas não a pessoa que a tomou. É como fazer uma crítica dura, mas sincera, a um amigo. Não é uma tarefa fácil de fazer, mas você poderá ser mais respeitado e admirado no final das contas.

Senão você até pode ser uma pessoa benquista, mas não será respeitada. E ninguém nunca conseguiu atingir o sucesso dessa maneira.

> Uma verdadeira vida de sucesso é repleta de amigos!

ENTRE EM AÇÃO

Que qualidades você precisa desenvolver?
Como você pode se tornar uma pessoa mais agradável? Que hábitos e comportamentos o estão prejudicando?
- Você tem ficado mais ranzinza com a idade?
- Você se esquece de escutar as pessoas com quem convive em casa ou no escritório?
- As coisas sempre têm que acontecer do seu jeito?

Pergunte a um ou dois amigos ou familiares o seguinte: "Como eu poderia me tornar uma pessoa mais agradável e acessível aos outros?". Esteja pronto para receber diferentes respostas, que podem deixá-lo chocado e aborrecido. Pode ser difícil em um primeiro momento, mas você precisa escutá-las para agir de acordo.

Ser agradável requer sacrifícios
Pode haver momentos na sua vida em que você terá que escolher entre ser agradável ou fazer aquilo que realmente quer. Imagine que seu futuro marido ou futura esposa seja vegano e não goste de estar com pessoas que comam carne. Você deixaria de lado suas próprias crenças e sentimentos para demonstrar apoio, amor e compreensão pelas crenças e sentimentos dessa outra pessoa?

Permita-se demonstrar um "amor exigente"
Não dá para dizer e fazer coisas agradáveis o tempo todo. Há muitos momentos em um relacionamento em que você vai ficar aborrecido, irritado ou discordar da outra pessoa. Pessoas que têm filhos sabem muito bem o significado da expressão "amor exigente". De quais maneiras você poderia começar a demonstrar um amor exigente em relação a outras pessoas da sua vida? Você tem se contido e até mesmo se censurado por medo de não ser mais visto como "aquela pessoa legal"?

14

DIGA "SIM"

> *"Encontre uma maneira de dizer 'sim' às coisas... Dizer 'sim' significa que você vai fazer algo novo, conhecer novas pessoas e fazer a diferença. O 'sim' faz com que você seja a pessoa que vai se destacar na multidão, o otimista, aquele que vê o copo meio cheio, aquele com quem todos querem conversar. O 'sim' é o que nos mantêm jovens."*
> Eric Schmidt

Pessoas de sucesso são aquelas que dizem "sim" quando as outras dizem "não". O que você diria se recebesse a oferta de uma promoção que envolvesse ir trabalhar em outro país? Você a aceitaria? O que você diria se o seu marido ou sua esposa sugerisse um novo destino de férias, como, por exemplo, a Groenlândia? Você aceitaria experimentar?

Não estou sugerindo que você entre de cabeça em tudo que aparecer pela frente, ignorando os riscos, a realidade e o bom senso. A questão aqui é reconhecer os momentos em que você normalmente conteria seu ímpeto em vez de simplesmente aceitar o desafio.

Desculpas precisam se tornar coisas do passado. Por exemplo:
- "Desculpe, estou ocupado demais para fazer isso";
- "Eu gostaria, mas... talvez outra hora";
- "Eu nunca fiz isso antes";
- "Parece ótimo, mas estou feliz com o que tenho";
- "Eu já decidi";
- "É meio tarde para fazer isso agora".

Por trás desses momentos, estão a hesitação, o medo, a procrastinação e o receio de fracassar. Essas não são as qualidades de alguém que deseja ter sucesso na vida.

Você nunca se arrependeu por ter recusado uma oportunidade? Se, pelo menos naquele momento, você tivesse a chance de saber as consequências de sua escolha, o que seria necessário para você ter a autoconfiança de dizer "sim"? O cientista de computação Randy Pausch descreveu essa situação de uma maneira incrível: "Não é por causa das coisas que fazemos na vida que nós nos arrependemos. É por causa das coisas que nós não fazemos". Comece a ser aquela pessoa que diz "sim" quando a maioria diz "talvez", "não tenho certeza", "quem sabe", "vamos ver".

> Pessoas de sucesso são aquelas que dizem "sim" quando as outras dizem "não".

ENTRE EM AÇÃO

O teste "Desejaria ter dito sim"
Todos nós temos arrependimentos, e a maioria deles não nos traz problemas. Mas alguns trazem, especialmente se você fica infeliz, deprimido e se sente incapaz de seguir em frente por causa deles. Quando oriento líderes que encaram decisões e escolhas importantes, gosto de lhes fazer duas perguntas; perguntas sobre as quais você também deve refletir toda vez que se deparar com uma oportunidade ou escolha importante:
- Dizer "sim" não é o que você realmente quer fazer?
- Você vai se arrepender mais tarde se disser "não" hoje?

Que tipos de decisões importantes você se vê encarando em um futuro próximo? Aceitar uma promoção na carreira, vender a sua casa, pedir a pessoa que você ama em casamento ou contratar o seu sucessor no trabalho?

Como chegar ao "sim"?
Já parou para pensar sobre o que faz você vacilar? O que você precisa fazer ou saber para poder dizer "sim" para uma pessoa? Você tem necessidade de conversar com alguém? Alguma coisa em específico precisa acontecer?

Às vezes, você só precisa de tempo, algumas informações extras e de conversar com alguém sobre suas escolhas.

Qual é a pior coisa que pode acontecer?
Para ajudar a se sentir mais confortável em dizer "sim", pergunte a si mesmo: "Qual é a pior coisa que pode acontecer? O que eu tenho a perder, comparado com aquilo que posso ganhar?".

Você vai ficar surpreso com o quanto torna as desvantagens e os pontos negativos das suas escolhas tão maiores do que realmente são. Isso é ainda mais verdadeiro quando essas escolhas são novas e desconhecidas. É ainda mais desafiador quando você se defronta com uma decisão que nunca teve que tomar antes, ou quando está indo contra o gosto e a opinião popular.

15

DIGA "NÃO"

> *"Quando disser 'sim' aos outros, tenha a certeza de que não está dizendo 'não' para si mesmo."*
> Paulo Coelho

Bem, então podemos concordar que dizer "sim" é ótimo, mas dizer "sim" quando você quer dizer "não" nunca é a estratégia de uma pessoa vencedora.

É fácil se acostumar a ceder em escolhas diárias e pequenas decisões, tais como aonde ir, o que vestir ou o que comer. Mas, se sua voz nunca for ouvida, você corre o risco de se tornar servo das pessoas ao seu redor.

Ter uma opinião formada e exercer influência, mesmo sobre coisas pequenas do dia a dia, é muito bom. Ser um "capacho" não é uma maneira saudável de viver e não faz bem para sua autoestima e autoconfiança.

> Dizer "sim" é ótimo, mas dizer "sim" quando você quer dizer "não" nunca é uma estratégia vencedora.

Dizer "sim" para decisões importantes da vida, quando por dentro você quer muito dizer "não", é mais sério ainda. Executar o contrário daquilo que você acredita ser o correto pode destruir suas chances de realizar seus sonhos e conquistar seus objetivos. Orientei muitas pessoas que se arrependeram de simplesmente "seguir o fluxo" em grandes decisões da vida e que agora precisam de ajuda para lidar com as consequências.

A escolha sempre é sua. Por mais que você queira ser amado e respeitado, é impossível agradar a todos em sua volta o tempo todo sem fazer com que uma pessoa em particular sofra: você.

ENTRE EM AÇÃO

Faça a balança pender a seu favor
Você precisa reconhecer e aceitar que só vai poder agradar as pessoas por um tempo determinado. A necessidade dos outros é importante, mas a sua também é. Sua tarefa é se comprometer a começar a recusar mais regularmente quando lhe pedem para fazer algo que você não quer fazer, mesmo que o pedido venha do seu chefe, dos colegas de trabalho ou da pessoa que você ama. Deixar suas próprias necessidades de lado para satisfazer o pedido de outras pessoas pode fazer com que você se torne a pessoa perfeita que todos querem ter por perto, mas por quanto tempo você vai aguentar se colocar em segundo lugar antes de surtar?

Agora chega!
Diga não com diplomacia e gentileza. Não é preciso gritar. Em vez disso, tente se fazer compreendido ao mesmo tempo em que tenta ser compreensivo. Quando seu gerente pedir que você faça hora extra pela terceira vez na semana, recuse. Explique que pode ficar até mais tarde algumas vezes, mas, como já ficou até mais tarde duas vezes na semana, você precisa cuidar um pouco das suas questões pessoais. Seja determinado e claro dessa maneira com todo mundo.

Um bom argumento para usar em muitas situações é dizer: "Eu concordei com as suas ideias nas últimas vezes, mas agora gostaria de sugerir onde vamos jantar, para que lugar iremos viajar nas férias e de que cor vamos pintar as paredes".

16

OFEREÇA SEU TEMPO A ALGUÉM

> *"Ofereça seu tempo. Independentemente de se disponibilizar para ajudar um amigo ou colega do trabalho, ou se vai fazer voluntário todo mês, não há nada que traz uma sensação mais empoderadora do que ajudar pessoas que precisam."*
> *Gillian Anderson*

O verdadeiro sucesso está em ajudar outras pessoas a terem sucesso. Em uma sociedade em que há cada vez mais pessoas analfabetas, ter boa educação não é sinônimo de sucesso, assim como estar bem alimentado e saudável enquanto milhões de pessoas morrem por subnutrição.

Winston Churchill, ex-primeiro-ministro britânico, foi certeiro quando disse que ganhamos nosso sustento de acordo com o que fazemos, mas que construímos a nossa reputação de acordo com o que damos. De que maneiras você oferece seu tempo, seu dinheiro e sua atenção àqueles que precisam? Talvez você seja voluntário em um asilo ou escola, dê dinheiro para causas sociais ou ajude a administrar um clube esportivo para crianças. Sempre que contribui incondicionalmente e sem reservas, sem qualquer expectativa de receber algo em troca, você é recompensado com uma sensação maravilhosa de realização.

Você não precisa ser rico para contribuir ou ajudar alguém. Bill e Melinda Gates são capazes de doar bilhões de dólares, mas você sempre pode doar seu tempo se não tiver dinheiro. Passar uma hora por semana ajudando um abrigo de animais ou conversar com um vizinho idoso que mora sozinho são coisas que não têm preço.

Doar seu tempo pode ser uma experiência catártica e um exercício para sua humildade. Fazer trabalhos voluntários pode lhe fazer dispensar todos os símbolos de status que você ostenta — seu cargo, seu escritório espaçoso, o carro da empresa, sua influência e seu poder.

Você é simplesmente um voluntário entre muitos servindo sopa ou arrumando camas. Se você sofre de arrogância, o trabalho voluntário pode fazê-lo colocar seus pés no chão de novo.

> O verdadeiro sucesso está em ajudar
> outras pessoas a terem sucesso.

ENTRE EM AÇÃO

Comece agora

Comece com atos pequenos, mas faça alguma coisa hoje mesmo. Não procrastine — não diga que vai começar na próxima semana, no mês que vem ou no ano que vem. O dinheiro sempre está curto, então comece oferecendo seu tempo. Duvido que você não tem tempo sobrando. Que tal levantar mais cedo nos fins de semana para fazer uma ou duas horas de trabalho voluntário? Estimule-se a começar e, em pouco tempo, vai ficar surpreso com a facilidade com que desenvolveu um hábito novo e altruísta.

Encontre causas em que você acredita

Você não é obrigado a doar seu tempo, sua energia e seus recursos. A escolha é sua. Se escolher doar, contribua com uma organização, uma instituição beneficente ou causa que você tenha paixão em ajudar. Explore e tente compreender o que essas suas instituições ou organizações de caridade representam. Pergunte a elas como gastam o dinheiro angariado antes de se oferecer para trabalhar como voluntário. Observe uma instituição de caridade em ação antes de se comprometer a doar seu tempo.

Comece uma tendência

Seja o primeiro a contribuir. Estimule as pessoas próximas a você a fazer o mesmo. Compartilhe ideias com sua família, amigos e colegas sobre como vocês todos podem contribuir com uma causa em particular. É mais divertido fazer as coisas com outras pessoas do que sozinho. Seus filhos podem precisar de um pouco de persuasão para saírem da cama, largarem os tablets ou a TV, mas, se deixá-los escolher onde vocês vão trabalhar como voluntários, talvez isso ajude a despertar interesse neles.

17

CONCENTRE-SE NAS COISAS QUE VOCÊ PODE CONTROLAR

> *"Não faz sentido se preocupar com as coisas sobre as quais você não tem controle, porque não há nada que você possa fazer em relação a elas.*
> *E por que você deveria se preocupar com as coisas que realmente controla? A preocupação imobiliza as pessoas."*
> Wayne Dyer

Pare de se preocupar com o que você não pode controlar. É um desperdício de energia que poderia ser usada para outras coisas mais importantes. Eu passo boa parte das minhas sessões de coaching ajudando pessoas a analisarem desafios e preocupações — auxiliando-as a determinar o que elas não conseguem controlar. Sempre fico espantado com quanto tempo elas passam tentando mudar o que não pode ser mudado, e depois com o tempo que gastam reclamando. Basta se concentrar naquilo que está sob controle.

Do que você reclamou recentemente e que está além do seu controle? Pode ser um dia chuvoso, a imagem que seus colegas de trabalho têm de você ou o fato de que a viagem dos seus sonhos é cara demais. Quando está procurando um emprego novo, você reclama de todas as empresas que nunca respondem aos seus e-mails ou você tenta encontrar alguma solução para aumentar suas chances de sucesso? Se estiver usando um aplicativo ou website de relacionamento, mas o seu perfil nunca é visto ou curtido, você exige seu dinheiro de volta ou chama um amigo para ajudar a deixá-lo mais descolado e atraente?

Decidir o que é e o que não é controlável é difícil. Ainda mais quando você tem opiniões fortes sobre o que está acontecendo. Mas você realmente quer desperdiçar seu precioso tempo se concentrando nas coisas erradas?

> Pare de se preocupar com o que você não pode controlar.

ENTRE EM AÇÃO

Saiba reconhecer a diferença
"Dai-me força para aceitar as coisas que não posso mudar, coragem para mudar as coisas que posso e sabedoria para diferenciá-las." As famosas palavras de São Francisco de Assis podem ter sido escritas há muito tempo, mas continuam sendo verdadeiras.

Entenda o que está acontecendo, reconheça que está além do seu controle e procure concentrar sua atenção no que é possível fazer. Você tem as habilidades e as ferramentas de que precisa: livre-arbítrio, pensamentos, reações, emoções, modos de pensar, ambições e crenças. Se usar tudo de maneira inteligente, você pode responder a qualquer desafio da melhor maneira — tomando as decisões certas e interagindo adequadamente com os outros. Comece a usar seu bom senso para reconhecer quando algo não pode ser mudado, pelo menos no curto prazo. Por exemplo, quando a mudança depende de fatores como:

- As escolhas, decisões e reações emocionais das outras pessoas;
- Os efeitos de decisões tomadas em grupo, tais como crises no mercado de ações e políticas governamentais;
- O impacto das causas naturais, como o mau tempo;
- Eventos inesperados, tais como doenças e acidentes.

Pare de procurar alguém para culpar
Evite negar aquilo que você pode ou não pode fazer. Não insista em colocar a culpa nos outros:

- "Não tenho culpa por reagir com raiva; ele me irritou!";
- "Ela se esqueceu do meu aniversário. Por que eu devia me preocupar com o dela?";
- "Se ninguém chega na hora certa, por que eu deveria?";
- "A equipe não está lutando para alcançar os objetivos, então por que eu deveria fazer isso?".

Pode ser necessário esforço e prática, mas, no fim das contas, é você que está no controle das suas ações e decisões.

18

VIVA DE ACORDO COM SUAS POSSIBILIDADES

> *"Sua segurança econômica não está no seu trabalho; está no seu poder de produzir, pensar, aprender, criar e adaptar. Essa é a verdadeira independência financeira. Não é ter riqueza; é ter o poder de produzir riqueza."*
> Stephen Covey

Cerca de 30% dos britânicos adultos não economizam nada, e outros 32% têm menos de mil libras em reservas e poupança. Além disso, um lar de classe média no Reino Unido tem cerca de 9 mil libras em dívidas não patrimoniais (dívidas de qualquer tipo, exceto financiamentos de moradia e veículos). Essas estatísticas, obtidas a partir de pesquisas de 2015 feitas pela Scottish Widows, empresa de seguros e pensões, prestadora de serviço em auditoria, e da PwC são uma notícia bastante deprimente.

Você não precisa ser milionário para atingir o sucesso ou para ser bem-sucedido. A riqueza financeira é apenas um dentre muitos indicadores de sucesso. Entretanto, para realizar seus sonhos e objetivos de vida, você vai precisar de dinheiro. E ganhá-lo requer planejamento financeiro e estabelecimento de metas. Não conheço nenhuma pessoa de sucesso que ignorou suas finanças.

Suas necessidades e desejos mudam conforme o tempo vai passando. Talvez você não saiba quanto dinheiro quer ganhar ou poupar. Sua resposta hoje pode ser simplesmente "tanto quanto for possível", o que é aceitável se você ganha mais do que gasta. Mas a triste realidade é que a maioria das pessoas faz o contrário. Quais empréstimos e dívidas você contraiu?

Ter algumas dívidas nem sempre é ruim: por exemplo, fazer um financiamento imobiliário para comprar uma casa ou apartamento é investir em um patrimônio que, com sorte, vai se valorizar no decorrer do tempo e, um dia, também pode acabar gerando uma renda de aluguel.

Os sinais de alerta disparam quando você contrai empréstimos que não vai conseguir pagar com facilidade. Ainda mais preocupante é quando você toma dinheiro emprestado para comprar coisas para casa ou para tirar férias — usando sua renda futura para consumir mais agora.

> Para realizar seus sonhos e objetivos de vida, você vai precisar de dinheiro.

ENTRE EM AÇÃO

Estabeleça metas financeiras
Analise com seu companheiro o estado atual das suas finanças:
- Quais são suas fontes de renda e quanto elas totalizam?
- Quanto gasta com as despesas habituais e quanto gasta em compras extraordinárias?
- Quanto você está economizando a cada mês?
- Qual é seu patrimônio? E quais são suas dívidas?

Usando essas perguntas como ponto de partida, anote seus objetivos financeiros e sonhos. Você pode querer comprar uma casa nova, aposentar-se em dez anos ou guardar dinheiro para pagar as mensalidades da escola dos seus filhos. Como você vai conquistar esses objetivos, sair de onde está hoje e chegar aonde quer chegar? Você precisa encontrar um emprego que pague melhor ou cortar algumas despesas?

Enquanto pensa sobre suas futuras finanças, não siga as expectativas de outras pessoas. Tenha seus próprios objetivos financeiros.

Deixe para comprar depois
Você não precisa gastar o mesmo que seu amigo e vizinho em novas roupas, carros ou móveis. Nas palavras do ex-presidente americano Calvin Coolidge, "Não existe dignidade tão impressionante e independência tão importante quanto viver de acordo com suas possibilidades".

Economizar e/ou investir uma parcela da sua renda atual é uma parte essencial dos objetivos financeiros de qualquer pessoa. Transfira automaticamente a quantia que você quer poupar ou investir em uma conta de depósitos assim que receber seu salário. Você deve, então, viver com o que restar e gastar menos do que estava acostumado. Evite a tentação de comprar agora e pagar depois, por meio de cartões de crédito ou financiamento. Só gaste hoje aquilo que você tem hoje.

19

VIVA NO "MUNDO REAL"

> *"Não abra seu e-mail; desligue o telefone; desconecte-se da internet; encontre uma maneira de estabelecer limites para que você possa se concentrar e se afastar de tudo quando precisar. A tecnologia é um bom servo, mas um péssimo mestre."*
> Gretchen Rubin

Passar tempo demais on-line pode causar doenças mentais. Essa foi a conclusão de um estudo publicado no jornal *Mirror*, em maio de 2014. Vários artigos e pesquisas associam o tempo passado "on-line" com todo tipo de problema — depressão, suicídio, solidão, baixa desenvoltura social, baixa autoestima, sedentarismo e falta de contato com a realidade.

Mas como fazer para ficar "off-line", já que uma parte tão grande do nosso dia a dia acontece "on-line"? Todo mês são lançados novos sites e serviços. Se precisa procurar qualquer coisa — uma nova escola para seus filhos, tratamento médico, destinos turísticos ou alguma receita — você usa a internet. Bill Gates definiu muito bem a internet quando a chamou de "a praça central da aldeia global do futuro".

Você é capaz de passar uma semana, ou mesmo um dia inteiro, sem ler seus e-mails, sem usar redes sociais ou entrar na internet? Alguém me disse recentemente, em tom de piada, que ter acesso ao mundo on-line é mais importante do que ter comida e água. Em uma pesquisa do site Mashable, 24% dos entrevistados admitiram que já deixaram de aproveitar momentos importantes porque estavam ocupados demais compartilhando-os nas redes sociais. Isso lhe soa familiar? Você tira fotos de alguma coisa para postar no Instagram em vez de vivenciar o que está acontecendo bem diante dos seus olhos?

Recentemente, vi duas pessoas se esbarrarem na rua. As duas estavam olhando para seu celular em vez de olhar para frente. Em uma festa recente, olhei ao redor e vi que havia mais pessoas olhando para suas telas do que conversando com quem estava do lado. Fiquei constrangido por interromper um dos convidados enquanto ele digitava algo no celular. Eu só queria ter uma conversa normal.

> Aproveite para vivenciar o que está acontecendo bem diante dos seus olhos.

ENTRE EM AÇÃO

Limite seu tempo on-line
A internet é maravilhosa, mas você tem de manter o equilíbrio entre estar on-line e off-line. Quantas horas por dia você passa on-line, vendo postagens no Facebook, fotos no Instagram, conversando no WhatsApp ou navegando em sites?

- Tente desligar a conexão de dados móveis do seu celular, e acesse a internet somente via wi-fi na sua casa, no trabalho ou na sua padaria favorita. Assim você vai poder caminhar pela rua e curtir a paisagem, sem o impulso de olhar para a tela toda vez que ouvir um "bip".
- Convide amigos para sua casa e insista para que todos deixem o celular no bolso ou na bolsa.
- Ligue todos os dias para alguém diferente em vez de conversar somente pelo Facebook ou WhatsApp, por exemplo. Conversem de verdade ao invés de se comunicarem com sentenças curtas, abreviadas e salpicadas de emojis.
- Escreva uma carta ou um cartão para alguém. Sua caligrafia é muito pessoal e transmite emoções e carinho.
- Pare um pouco de pesquisar as coisas no Google. Passe algumas horas em uma livraria ou biblioteca apenas observando os livros. Redescubra a alegria de folhear livros e revistas.
- Nos fins de semana e nas férias, tente passar dias inteiros sem acessar a internet. Tire fotos, mas poste-as apenas no dia seguinte. Aproveite o lugar onde você está, sem a necessidade de compartilhar com o mundo inteiro imediatamente.

20

CONCENTRE-SE

> "As abelhas são incapazes de produzir mel e ferroar ao mesmo tempo. Elas têm de fazer uma escolha. Elas podem ser zangões ou produtoras de mel, mas não ambos."
> Emanuel Cleaver

O sucesso requer seu tempo e dedicação. Isso é verdade. Independentemente do que você queira fazer — mudar o mundo ou simplesmente mudar de apartamento. Todas as histórias de sucesso se resumem a uma pessoa que se concentrou em uma meta; às vezes, essa pessoa está tão concentrada que seu sonho até parece uma obsessão.

    J. K. Rowling passava seus dias escrevendo, mesmo quando tinha pouco dinheiro. Essa concentração intensa deu ao mundo *Harry Potter* e a ela riquezas e sucesso inimagináveis. Podemos dizer o mesmo de Mo Farah e Steve Jobs. Nenhuma dessas pessoas tentou alcançar múltiplos objetivos e metas no início de sua jornada rumo ao sucesso. Nenhuma delas tentou abraçar o mundo com as pernas. Farah estava concentrado em fazer corridas de meia-distância. Jobs se concentrou em uma única empresa start-up, criada na garagem de casa. Ele não criou a Apple enquanto montava dezenas de outras empresas. Esses são exemplos de propósitos firmes, que, para citar John D. Rockefeller, é um dos fundamentos principais para o sucesso na vida, não importa qual seja o seu objetivo final.

    Infelizmente, a vida tem o hábito de jogar todo tipo de atividade e responsabilidade sobre as nossas costas, forçando-nos a passar dias cuidando de múltiplas tarefas. Mesmo quando isso acontece, você ainda pode se concentrar em cada tarefa que tem que fazer. A única maneira de garantir o sucesso é dar a cada atividade atenção total, pelo tempo que for necessário. Não acredite na falácia de que você pode cuidar de várias tarefas ao mesmo tempo.

> Todas as histórias de sucesso se resumem a uma pessoa que se concentrou em uma meta.

ENTRE EM AÇÃO

Estabeleça um modelo, e faça uma coisa de cada vez
Pare de tentar ser "pau-pra-toda-obra" e se concentre no que está fazendo. Independentemente de estar escrevendo um e-mail, brincando de bola com seus filhos, dirigindo pela cidade ou simplesmente passando algum tempo sozinho, meditando. Nesses dez minutos em que você estiver fazendo alguma coisa (ou quanto tempo a tarefa exigir), faça com 100% de concentração. A nova doença da nossa era é aceitar fazer muitas coisas ao mesmo tempo.

Nossos filhos acham que têm uma capacidade excelente de cumprir várias tarefas ao mesmo tempo — meu filho escuta música enquanto faz sua lição de casa e conversa pelo WhatsApp com os amigos. Seja um exemplo para as pessoas à sua volta; quando alguém lhe telefonar, pare de fazer todas as outras coisas e converse com a pessoa. Se não puder fazer isso no momento, retorne a ligação mais tarde. Evite o hábito de falar ao telefone enquanto escreve no computador, ou assiste à televisão ou esteja dirigindo em uma rua movimentada.

Recuse pedidos de outras pessoas
Você não precisa fazer tudo para todas as pessoas. O jeito mais fácil de tentar abraçar o mundo com as pernas (e falhar) é aceitar as necessidades e pedidos de outras pessoas. Aprenda a recusar gentilmente e diplomaticamente. Claro, você vai querer ajudar os outros — sua família e seus amigos, seus colegas de trabalhos, seu vizinho — mas precisa aprender a ter equilíbrio. Você precisa saber quando aceitar e quando recusar. Você tem dificuldad em dizer "não"? Tente ser honesto e explique o quanto está ocupado. As pessoas vão compreender se disser que você não consegue ajudá-las.

21

AME MAIS

> *"Se você souber amar, você pode ser a pessoa mais poderosa do mundo."*
> *Emmet Fox*

O amor pode ser uma coisa maravilhosa ou um distúrbio psicológico, dependendo da sua perspectiva. Mas uma coisa é certa: pessoas de sucesso são movidas pelo amor. Quando oriento pessoas, digo que o amor pode ser dividido em dois grupos distintos: o amor momentâneo e o amor duradouro.

O amor momentâneo pode assumir muitas formas, incluindo fascinação, paixão, carência, atração física ou desejo de posse. É possível ver isso em compras por impulso, encontros casuais ou no desejo por um carro novo. Frequentemente baseado em querer alguém ou algo, tais momentos ou sentimentos de amor fazem com que você se sinta ótimo, mas são passageiros. Nunca duram. Você pode tentar fazer com que durem ao comprar continuamente novos sapatos ou tendo novos casos.

Buscar esses momentos é apenas uma maneira de preencher um vazio que você tem dentro de si — essa atitude é reflexo de baixa autoestima, falta de autoconfiança ou algum outro problema. Buscar esse tipo de amor pode lhe proporcionar momentos "de sucesso", mas ele não é um alicerce sólido para uma vida genuinamente bem-sucedida.

O amor duradouro pode não parecer tão empolgante ou descolado como o amor momentâneo, mas não se deixe enganar pelas aparências. É dele que você precisa para criar uma vida bem-sucedida de verdade. É ele que você sente e vivencia em relacionamentos que têm substância — relacionamentos em que você se aceita e se conecta consigo mesmo e com outras pessoas, sua família, seu marido ou sua esposa, seus filhos, seus colegas de trabalho e seus amigos. Desenvolver esse tipo de relação pode ser difícil. A tentação de fugir está o tempo todo no ar, mas se você perseverar, vai ser recompensado.

> Pessoas de sucesso são movidas pelo amor.

ENTRE EM AÇÃO

Ame a si mesmo
O segredo para seu sucesso está em cercar-se de amor, e isso começa quando você consegue se amar. Essa parte é a mais difícil. Depois de passar centenas de horas orientando pessoas, observei um padrão bastante comum: nós podemos expressar com bastante facilidade o nosso amor por outras pessoas, por objetos ou experiências, mas temos dificuldade de dizer que amamos a nós mesmos. Você já deve ter ouvido comentários como:
- "Eu me odeio por continuar nesse relacionamento";
- "Estou furioso por não encontrar um emprego que pague melhor";
- "Eu me odeio por ter sido cruel com os meus pais";
- "Eu vivo me castigando por não ser mais ambicioso".

Amar a si mesmo envolve compreensão, aceitação, perdão e estar em paz com quem você é. Para isso, é preciso:
- Entender que ninguém é perfeito e você não é a única pessoa que tem defeitos, fraquezas e problemas;
- Aceitar-se como você é, não importa o que pense de negativo;
- Perdoar a si mesmo e parar de se culpar pelos seus erros.

Mude o foco do seu amor
A partir de hoje, não procure tanto o amor momentâneo, com todos os prazeres e gratificações atraentes, em vez disso invista mais tempo no amor duradouro. Você é capaz? Seja honesto e dê uma boa olhada em sua vida; você está constantemente em busca de picos de adrenalina, novas emoções e experiências?

Conforme se afastar das experiências momentâneas e fugazes do primeiro tipo de amor, preencha-se com todo o amor duradouro que você puder. Esforce-se para passar mais tempo em relacionamentos que importam. É fácil fazer isso, desde que você esteja disposto. Sua capacidade de criar e cultivar amores duradouros é ilimitada.

22

REINVENTE-SE

> *"Invente-se e, depois, reinvente-se. E reinvente a sua vida, porque isso é uma obrigação; é a sua vida. Sua história e o presente pertencem somente a você."*
> **Charles Bukowski**

Você já teve a sensação de que é hora de mudar? Hora de pressionar o seu botão de reset? Você não está sozinho; todos nós já sentimos isso. Pense no caminho que o trouxe até aqui e vai perceber muitos momentos de reinvenção. Talvez não pareça nada muito elaborado ou revolucionário no momento, pois às vezes você só percebe o que aconteceu depois do evento em si.

Reinvenções podem acontecer de diferentes maneiras:
- Demitir-se de um emprego para buscar uma nova carreira;
- Voltar a estudar para aprender algo novo;
- Afastar-se de certos amigos e fazer amizade com novas pessoas;
- Deixar de ser uma pessoa solteira e descompromissada e entrar em um relacionamento firme;
- Decidir mudar aspectos da sua personalidade ou do seu caráter;
- Doar roupas velhas e comprar um guarda-roupa todo novo;
- Tomar a decisão de sair do lugar onde você mora há anos;
- Permitir que sua relação com os membros da sua família mude.

Às vezes, planejar uma mudança significativa ou uma reviravolta total na vida pode lhe trazer um pouco de culpa, uma sensação de que você falhou, ou de que foi forçado a recomeçar do zero. Não se sinta culpado nem constrangido por isso. Reinventar-se é um processo essencial se você quiser crescer e florescer. Conforme envelhecemos e amadurecemos, nós aprendemos e vivenciamos muitas coisas, e é inevitável que nossos objetivos, planos e expectativas mudem. Abrace a mudança e tente garantir que ela faça crescer o sucesso que você teve até o momento.

Nas palavras do cantor e escritor Auliq-Ice, "Em vez de tentar reinventar a roda, acrescente coisas àquilo que já é excelente em sua vida".

> Reinventar-se é um processo essencial se você quiser crescer e florescer.

ENTRE EM AÇÃO

Seja proativo na sua autorreinvenção

Às vezes, as mudanças são forçadas. O estresse e a síndrome de burnout nos levam a mudar de emprego ou até de carreira. Raiva, rancor e discussões causam divórcios. Problemas de saúde levam a mudanças no estilo de vida. Você não precisa esperar por eventos drásticos para dar início a uma mudança grande em sua vida. Sente-se e olhe para onde você está agora. Reflita sobre as seguintes questões:

Para ter uma vida de mais sucesso...
- O que eu deveria parar de fazer, pensar e ser?
- O que eu deveria começar a fazer, pensar e ser?
- O que eu poderia fazer, pensar e ser menos?
- O que eu poderia fazer, pensar e ser mais?
- O que eu poderia fazer, pensar e ser de um jeito diferente?

Desenhe e escreva suas respostas como um conjunto de desenhos ou um mapa mental. A partir disso, você vai ver o que precisa fazer.

A reinvenção pode ser um processo custoso e solitário

Procure pessoas em cujos conselhos você realmente confia, mas esteja preparado para a possibilidade de elas não concordarem com seu ponto de vista. Você pode até mesmo perder amigos se eles não compreenderem seu desejo de mudar uma parte da sua vida.

Você também precisa estar pronto para se afastar de aspectos da sua vida nos quais investiu tempo e trabalho, tais como escolhas particulares da carreira ou um relacionamento.

23

SEJA SAUDÁVEL

> *"Se você tiver saúde, provavelmente vai ser feliz; e se tiver saúde e felicidade, você tem toda a riqueza de que precisa, mesmo que não seja tudo o que você quer."*
> Elbert Hubbard

Qual é o sentido de trabalhar demais, ficar sobrecarregado e sofrer de burnout apenas para ganhar dinheiro para pagar a mensalidade do seu plano de saúde? Vejo isso acontecer o tempo todo e já ouvi algumas coisas bem estranhas durante as minhas sessões de coaching:
- "Não tenho tempo de me exercitar ou de comer comida saudável no almoço, mas isso é comum na área em que trabalho";
- "Vou continuar me dedicando 110% por mais alguns anos e depois vou me aposentar e relaxar";
- "Se eu diminuir o ritmo de trabalho e levar uma vida mais saudável, como vou poder sustentar a minha família? Eles têm certas necessidades e expectativas financeiras";
- "Eu sei que estou acima do peso, mas, na minha idade, parece que já é tarde demais para começar a me exercitar".

Muitos de nós planejam se concentrar mais na saúde quando terminarmos de trabalhar e ganhar dinheiro. Bem, não precisa esperar tanto. Infelizmente, evidências sugerem que sua saúde provavelmente vai se deteriorar bem rápido depois que você se aposentar. Uma pesquisa de 2013, feita pelo Instituto de Estudos Avançados (IEA) no Reino Unido, concluiu que "a aposentadoria diminui a saúde física e mental e a capacidade de identificar problemas de saúde". Não acredite tanto que você vai mesmo usar todo o tempo livre que vai conseguir para se tornar uma pessoa mais saudável.

Trabalhar até a exaustão não faz bem a ninguém. Isso só diminui suas chances de viver uma vida longa e saudável. Você quer realmente sacrificar sua saúde e sua longevidade em troca de uma casa grande, um carro chique e dinheiro na conta?

> Qual é o sentido de trabalhar demais apenas para pagar a mensalidade do seu plano de saúde?

ENTRE EM AÇÃO

Trate sua saúde como a sua maior riqueza
Uma particularidade do dinheiro é que você pode ter anos ruins e até perdê-lo para recuperá-lo no ano seguinte. Se a sua saúde for à falência, você vai demorar um bom tempo para recuperá-la. Ela precisa ser constante. Você precisa se comprometer a cuidar dos diferentes aspectos do seu bem-estar no decorrer da vida.

- Exercite-se, alongue-se, caminhe, nade, corra. Se precisar de apoio e estímulo, procure por eles. Contrate um personal trainer, entre para um clube de corrida ou treine com um amigo. Desenvolva o hábito de caminhar todos os dias. Um estudo recente no Reino Unido mostrou que uma caminhada de vinte minutos em passo acelerado acrescenta sete anos à sua vida e reduz substancialmente o risco de sofrer um ataque cardíaco;
- Cuide de sua saúde mental, evite estresse excessivo, sobrecarga de trabalho, preocupações, ansiedade e estafa. Frequentemente, a resposta está em encontrar o equilíbrio das coisas e não exagerar. Faça isso antes que o seu corpo comece a sentir dores nas costas e sofrer de torcicolos;
- Afaste-se de pessoas e situações que lhe drenem emocionalmente. Valorize a sua saúde emocional. Afaste-se daquele colega de trabalho invejoso, daquele chefe obcecado pelo microgerenciamento ou daquele parente que sempre procura causar atritos. Estar emocionalmente enfraquecido pode afetar sua saúde física;
- Tente cuidar de sua saúde espiritual encontrando significado nas coisas que você faz. Evite atividades que considera sem sentido ou que lhe deixam entediado, apático e com a sensação de estar perdendo tempo. Assim como deixar de cuidar de sua saúde mental e emocional, isso pode enfraquecer seu corpo.

24

PERDOE OS OUTROS

> *"Perdoar é libertar um prisioneiro e descobrir que o prisioneiro era você."*
> Lewis B. Smedes

Recusar-se a perdoar nunca fez ninguém se sentir melhor a respeito de nada. Tudo que você está fazendo é se apegar a sentimentos como aborrecimento, raiva e inveja, e isso nunca é bom. Certa vez, li que ficar irritado e ser intolerante com outra pessoa é como se você tomasse veneno e esperasse ela morrer.

Para criar uma vida de sucesso, você precisa perdoar aqueles que lhe magoaram ou lhe ofenderam. Não porque essas pessoas porventura estivessem certas ou porque você precisa esquecer o que elas fizeram, mas porque perdoar vai libertá-lo para viver uma vida mais plena e positiva. Ao perdoar, você se permite seguir em frente. Você se livra de uma prisão de sentimentos negativos autoimposta. É muito importante compreender isso; você deve perdoar os outros pensando no seu próprio bem-estar.

Perdoar os outros não é fraqueza, tampouco uma prova de que você não ficou magoado ou que estava errado em se irritar. O que você está realmente fazendo ao perdoar os outros é lhes dizer: "Eu não preciso mais desperdiçar minhas emoções e sentimentos com você ou com suas ações". Você demonstra a força para seguir em frente. Quando oriento pessoas, o meu papel mais frequente é ajudá-las a se desapegar desses sentimentos negativos para seguir em frente, perdoando outras pessoas e também a si mesmas.

Perdoar é um ato que anda de mãos dadas com aprender a confiar novamente. Quando acontece algo ruim em um relacionamento, você pode escolher entre se afastar da pessoa ou tentar reconstruir a relação. O perdão remove os sentimentos negativos de desconfiança e permite que os relacionamentos sejam reconstruídos.

> Para ter uma vida de sucesso, você precisa perdoar aqueles que lhe magoaram ou lhe ofenderam.

ENTRE EM AÇÃO

Seja honesto quando for necessário perdoar
Muitas vezes, as pessoas enganam a si mesmas, convencendo-se de que não há nada que precise ser perdoado.

- "É claro que não estou irritado por ter perdido uma promoção no trabalho";
- "Não tem problema se meu colega roubou a minha ideia e a apresentou como se fosse sua";
- "Não, eu não estou nem um pouco magoado com a infidelidade do meu marido".

Pense se você não está negando aquilo que lhe causou mágoa. Seja honesto consigo mesmo. Não tem problema fingir que você está bem; em certas ocasiões, nós não queremos revelar nosso verdadeiro sentimento, e está tudo bem.

Seu desafio é encontrar o momento e a oportunidade certa para perdoar a outra pessoa. Pode levar alguns dias, semanas ou até mesmo anos. Você pode achar necessário conversar sobre seus sentimentos e sobre a questão do perdão com alguém em quem confie.

Encontre sua própria maneira de perdoar
O modo que você escolhe perdoar alguém é uma escolha sua, mas você deve sempre começar concordando consigo mesmo que está pronto para isso. Em algumas ocasiões, você pode decidir contar à outra parte. Pode ser terapêutico, inclusive, escrever para essa pessoa. Não importa se ela quer ou precisa desse perdão. Mas você também pode contar apenas à sua família ou aos seus amigos que seguiu em frente e perdoou aquela pessoa específica. O que importa é se livrar de todos esses sentimentos negativos que estão represados dentro de você.

25

FAÇA PARTE DE UMA TRIBO

> *"Durante milhões de anos, os seres humanos sempre foram parte de uma ou outra tribo. Um grupo precisa de apenas duas coisas para ser uma tribo: um interesse em comum e uma maneira de se comunicar."*
> Seth Godin

Mesmo sem perceber, você passa a vida como membro de várias tribos diferentes. Tribos são todos aqueles grupos formais ou informais de pessoas que têm coisas em comum: coisas que os unem. Você nasce em uma tribo e depois se une a outras por causa do lugar onde mora, da sua carreira e de suas várias atividades.

Em todos os lugares é possível ver exemplos: famílias, círculos sociais, colegas de trabalho, grupos religiosos, voluntários que trabalham em instituições beneficentes, clubes esportivos, clientes de um mesmo bar, colegas da faculdade ou pessoas que moram no mesmo prédio.

Pense sobre sua vida e com quem você interage. O que os membros de cada um dos seus diferentes grupos sociais têm em comum?

- Interesses familiares e lealdade?
- Amor pelo futebol?
- Trabalham no mesmo departamento?
- Gostam de frequentar o mesmo bar?
- Amigos da época da faculdade?
- Frequentam a mesma academia?
- Vivem em comunidade no mesmo prédio?
- Vivem juntos no mesmo asilo?

Talvez você seja alguém que evite estar em tribos, ou que seja membro apenas das tribos em que é forçado a fazer parte — seu grupo de colegas de trabalho, da faculdade ou da sua família. Apenas o ermitão pode dizer que está livre de pertencer a qualquer tribo.

Ser parte de uma tribo faz você interagir com outros e criar amizades. Isso pode dar significado à sua vida e também a noção de pertencimento. Você provavelmente vai equilibrar tudo isso com algum tempo a sós para refletir, recarregar as energias e estar consigo mesmo. Se você for mais tímido e introvertido, talvez prefira estar mais em seu próprio espaço do que no espaço dos outros.

> A noção de pertencimento é importante.

ENTRE EM AÇÃO

Escolha seus grupos com sabedoria
Reserve alguns minutos para listar todas as "tribos" das quais você faz parte. Observe o que você escreveu e pergunte a si mesmo:
- Como me beneficio se contribuir com essa ou aquela tribo? Envolver-me com essa tribo me faria bem?
- De que maneiras fazer parte dessa tribo pode ser ruim para mim? Isso me prejudicaria ou retardaria de algum modo?
- Está na hora de me desligar de alguma tribo? Posso fazer isso?
- De quais outras tribos eu deveria me tornar parte? Posso me juntar a elas?

Talvez você se surpreenda com suas conclusões.
- Pode ter chegado a hora de se afastar dos seus pais extremamente metódicos ou dos seus invejosos irmãos e passar menos tempo com sua "tribo familiar";
- Você pode se dar conta de que está deixando de conhecer seus vizinhos no que poderia ser chamado de "tribo comunitária";
- Pode ser hora de aceitar o convite dos seus colegas de trabalho e juntar-se a eles em encontros sociais;
- Como está procurando um novo emprego, você decide se unir à associação regional dos ex-alunos da sua faculdade.

O tempo que você tem no planeta é limitado. Passe-o com pessoas que você ama, de que gosta ou com quem tem interesse em se conectar. Pare de perder tempo e gastar energia com pessoas que não significam nada para você ou que lhe causam aborrecimentos. Deixe-se atrair por pessoas que o energizam, que fazem você se sentir bem e que ficam felizes com sua companhia.

26

IRRADIE CONFIANÇA

> *"Se acreditar em si mesmo e tiver confiança em si mesmo, você pode fazer qualquer coisa. Eu realmente acredito nisso."*
> Karlie Kloss

Se você estiver se sentindo confortável e feliz com quem é, então você tem o tipo de autoconfiança de que precisa para uma vida de sucesso. Trata-se de aceitar verdadeiramente quem você é, o que está fazendo e para onde está indo. Trata-se de saber o que você sabe, o que você não sabe e estar disposto a assumir se não souber. Tudo isso é demonstrado em uma citação que li recentemente: "Eu costumava entrar numa sala cheia de pessoas e me perguntar se elas gostavam de mim; hoje, eu olho ao redor e me pergunto se eu gosto delas".

Com esse tipo de autoconfiança você não precisa gritar ou se mostrar, pois não é uma questão de habilidade social ou de "saber falar". Trata-se de estar completamente em paz consigo mesmo.

Na realidade, sua autoconfiança aumenta ou diminui dependendo do que está acontecendo ao seu redor. A maioria de nós ficaria abalada com comentários como estes:

- "Como assim? Você ainda não terminou de escrever o seu relatório? Eu terminei o meu e mandei para a chef; ela adorou minhas novas ideias";
- "Nossa, você não foi selecionado para o time? Acho que você não treinou o bastante. Espero que tenha mais sorte na próxima temporada".

Tente não deixar sua autoconfiança se enfraquecer por pequenos golpes, e reconheça quando outras pessoas estão tentando prejudicá-lo ou diminuí-lo. Comentários como esses podem causar aborrecimento, irritação, inveja e até mesmo choro. Isso é normal. Mas você não deve deixar que isso mine a sua autoconfiança mais fundamental: a confiança baseada em como você se valoriza. Acredite em si mesmo, independentemente do que as outras pessoas dizem a seu respeito.

> A verdadeira autoconfiança é uma questão de estar completamente em paz consigo mesmo.

ENTRE EM AÇÃO

Encarando novas situações

Pessoas realmente autoconfiantes sabem que haverá ocasiões em que não vão se sentir dessa forma. Enfrentar novas situações e desafios pode ser difícil, por isso dê a si mesmo permissão de sentir insegurança e ter dúvidas. Ninguém é perfeito. Ninguém tem todas as respostas. Em situações difíceis, é aceitável dizer: "Não tenho tanta autoconfiança". Dê a si mesmo o tempo necessário para descobrir o que precisa fazer ou aonde precisa ir. Permita que sua autoconfiança emerja em uma nova situação.

Agir com autoconfiança reforça a sua autoconfiança

Quando oriento pessoas, frequentemente digo que, se você quiser fazer algo de um jeito diferente, pode ter que "fingir até conseguir". Isso significa agir como se já tivesse adquirido as habilidades de que precisa. Isso pode ser aplicado à autoconfiança. Faça o seguinte experimento.

Aja como se...
- Você estivesse confortável e feliz com quem é;
- Você gostasse do que está fazendo;
- Você aceitasse a direção para a qual sua vida flui.

As pessoas ao seu redor não farão ideia de que você está somente fingindo. Se parecer confiante, elas vão se sentir mais confortáveis em se conectar, trabalhar e estar com você. A autoconfiança é contagiosa. Quando age com mais autoconfiança, você dá a outras pessoas a permissão e a coragem para agirem do mesmo jeito.

Não se sinta culpado em mostrar essa fachada. Até mesmo as pessoas mais seguras do mundo estão fingindo um pouco para manter o ar de absoluta autoconfiança.

27

DÊ OS CRÉDITOS A QUEM MERECE

> *"Dar crédito a quem merece é um hábito muito gratificante a desenvolver. Suas recompensas são inestimáveis."*
> Loretta Young

As principais razões que motivam os divórcios e os pedidos de demissão não são a traição ou o fracasso. Pesquisas mostraram que divórcios acontecem porque as pessoas não recebem o reconhecimento que imaginam merecer do parceiro ou da parceira. Todo mundo quer ser elogiado, reconhecido. Isso vem da necessidade humana de sermos valorizados, reconhecidos e amados. Agradecer às pessoas regularmente e reconhecer seus esforços são coisas importantes.

Dar crédito é algo que pode ser feito de duas formas: pública ou privadamente. Mas independentemente de você agradecer por meio de uma reunião cara a cara, um e-mail pessoal ou gritando do alto de um prédio, tenha a certeza de fazer isso. Reconhecer uma pessoa com simples palavras de agradecimento tem um poder incrível.

Algumas pessoas têm uma necessidade maior de receber agradecimento do que outras, algo que está ligado à personalidade e à criação. Você é alguém que precisa receber o crédito pelo que faz? Como você se sente quando não é reconhecido pelo que faz?

Inclusive, há algo muito pior do que não receber os créditos: quando outra pessoa recebe o crédito por algo que você fez. Se isso acontecer com você, tente conversar com a pessoa que fez isso. Veja se ela pede desculpas ou nega o fato.

> Existe um poder imenso em algumas simples palavras de agradecimento.

ENTRE EM AÇÃO

Transforme isso num hábito diário
Esteja aberto e pronto para reconhecer as pessoas dentro e fora do ambiente de trabalho. Tente transformar em um hábito diário o ato de elogiar, agradecer e dar os créditos às pessoas ao seu redor. Você não precisa esperar por algo grande e óbvio para reconhecer. Permita que coisas pequenas atraiam sua atenção.

Demonstre agradecimento em palavras e ações. Experimente algumas destas estratégias e veja o que acontece:
- Chame um colega de trabalho de lado e agradeça-o por algo que ele fez na semana passada;
- Mande flores ou chocolates ao seu esposo ou esposa em agradecimento pelo ótimo fim de semana que tiveram;
- Pague um café para o seu assistente para demonstrar o seu apreço por ele ter trabalhado até mais tarde em um projeto urgente;
- Mande um e-mail para todos os colegas do seu departamento, reconhecendo um dos membros que se juntou à equipe há pouco tempo e acabou de ter uma nova ideia.

O reconhecimento é contagioso. É uma maneira certeira de fazer com que as pessoas ao seu redor se sintam mais positivas, e também mais positivas em relação a você. Vai ganhar a reputação de ser uma pessoa gentil, observadora, grata e que sabe dar o devido reconhecimento — qualidades que a maioria das pessoas não vivencia o suficiente.

Mesmo que você não precise de reconhecimento, entenda que outras pessoas precisam
A maioria das pessoas adora ser elogiada e reconhecida. Elas se sentem motivadas e energizadas quando são tratadas assim. Se você for uma dessas pessoas, vai entender instantaneamente os benefícios de dar os créditos.

Se isso não for algo de que você precisa, então vai ser necessário empreender um esforço extra para ter certeza de que não vai deixar de dar os devidos créditos às pessoas ao seu redor. Se esquecer, simplesmente peça desculpas e tente compensar isso imediatamente. O "antes tarde" é sempre melhor do que o "nunca".

28

PRATIQUE O DESAPEGO

> *"Estou convencido de que coisas materiais podem contribuir muito para tornar a vida mais agradável, mas basicamente se você não tiver amigos e parentes muito bons, que realmente causem impacto, a sua vida vai ser vazia e triste. E as coisas materiais vão deixar de ter importância."*
> David Rockefeller

Você não é os seus bens materiais. Eles não definem quem você verdadeiramente é. Seu belo carro, sua enorme casa, suas roupas de marca, sua televisão de tela plana, seus sapatos de grife e sua conta bancária não são a fonte da sua felicidade. Todas as evidências — anedóticas e também os resultados de pesquisas — confirmam isso. Claro, você pode estar empolgado por ter comprado um carro novo e elegante ou uma moto de corrida, mas depois que a euforia inicial se desfaz, o que sobra? Você está mais feliz do que antes por causa do seu novo bem material? Você realmente se considera mais bem-sucedido por causa do resultado da sua compra?

Se é muito pobre, então os bens materiais podem lhe trazer um nível maior de conforto, felicidade e autorrealização. Na verdade, eles podem mudar radicalmente a sua vida. Mas, conforme você adquire mais e renova os seus bens de consumo, eles não terão nenhum impacto positivo no seu nível de felicidade.

> Você não é os seus bens materiais.

Seja honesto consigo mesmo sobre por que você quer comprar um carro novo ou se mudar para uma casa maior. Tenha cuidado ao tentar demonstrar o sucesso por meio de bens pessoais. Não há problema em querer ter e comprar qualquer coisa, mas seja honesto consigo mesmo sobre a sua motivação. Pessoas de sucesso não precisam de bens materiais para comprová-lo.

ENTRE EM AÇÃO

Faça uma lista do que você tem
Liste as coisas que você tem no seu guarda-roupa, nos armários da cozinha, na garagem ou naquele quarto extra da sua casa. Conte quantas camisas, livros ou pares de sapatos você possui. Se a sua casa ou escritório é um lugar tão abarrotado que você nem sabe por onde começar, então é preciso tomar medidas drásticas. Pense sobre o quanto todas essas coisas são úteis. Você tem alguma coisa que comprou, usou uma vez e depois se esqueceu completamente? Você tem alguma coisa que ainda está guardada na embalagem original?

Simplifique a sua vida e doe algumas coisas
Pergunte a si mesmo do que você realmente precisa. Muita gente fala sobre simplificar a vida e adotar um jeito de viver mais minimalista, e essa é a sua chance de começar. O que é essencial, com o que você não pode viver sem? Doe sapatos, brinquedos, roupas ou móveis extras.

Por que não adotar um sistema em que, se comprar algo novo, você tem que doar ou vender outra coisa? Recicle suas roupas velhas de modo que elas possam ser doadas para pessoas necessitadas ou sem-teto. Doe livros para uma biblioteca local ou um bazar beneficente.

Não olhe para trás
Pergunte a si mesmo por que adquiriu tanta coisa. Quais são os padrões e as razões pelas quais você compra esse tipo de coisa? Você é um acumulador ou simplesmente gosta de comprar? Pense em qual dos seus hábitos de compra precisa mudar. Você vai conseguir economizar bastante dinheiro e espaço.

29

CONSTRUA RELACIONAMENTOS HARMÔNICOS

> *"A maneira mais básica e poderosa de se conectar com outra pessoa é escutar. Apenas escutar. Talvez a coisa mais importante que podemos dar uns aos outros é a nossa atenção."*
> Rachel Naomi Remen

É impossível ter sucesso sem construir relacionamentos harmônicos. A harmonia é o processo essencial de entender um ao outro e sentir-se confortável na presença da outra pessoa. O sucesso advém de ter pessoas que sigam você, trabalhe com você, apoie e acredite em você. Para isso acontecer, as pessoas precisam entender, confiar e estar alinhadas com suas opiniões. Precisam se sentir confortáveis em estar com você. Isso acontece automaticamente se construiu relacionamentos harmônicos. Pode acontecer até mesmo sem você perceber, por meio das suas interações diárias, mas às vezes precisa de um pouco mais de esforço.

Eu tenho a impressão de que as mulheres têm uma facilidade maior para construir relacionamentos harmônicos do que os homens. Quando mulheres se comunicam com outras pessoas, elas normalmente falam mais devagar, escutam mais e demonstram empatia — e todas essas são habilidades clássicas para a construção de relacionamentos harmônicos. Li uma linda passagem da autora Deborah Tannen a respeito disso: "Para a maioria das mulheres a linguagem da conversa é, primeiramente, uma linguagem de harmonia: uma maneira de estabelecer conexões e negociar relacionamentos". Homens, tomem nota: talvez vocês tenham de se esforçar um pouco mais.

Pode ser que você não consiga criar relações harmônicas com todo mundo; talvez nem queira isso. Sempre haverá pessoas que vai considerar egoístas, autocentradas ou simplesmente enfadonhas demais, e com quem não vale a pena investir seu tempo. Se for alguém que cruze seu caminho com certa regularidade, entretanto, tente estabelecer um pouco de harmonia. Procure não deixar que essa pessoa sinta que você está sendo grosseiro ou frio, ou tentando ignorá-la.

> É impossível ter sucesso sem construir relacionamentos harmônicos.

ENTRE EM AÇÃO

Encontre coisas em comum
Um dos alicerces para uma harmonia duradoura é encontrar coisas em comum com as outras pessoas. Passe algum tempo compreendendo o que eles estão pensando, esperando, fazendo e acreditando. Você vai poder descobrir as similaridades com essas pessoas e como estão alinhados. Pode ser algo simples, como suas opiniões sobre um amigo ou colega, seus hobbies ou objetivos de carreira. Tente ser autêntico; nunca concorde com alguém ou diga que gosta dessa pessoa apenas para agradá-la.

Alinhe-se
Faça com que a outra pessoa se sinta confortável na sua presença, agindo da mesma maneira que ela. O espelhamento é uma técnica incrivelmente poderosa para criar harmonia. Se ela está em pé, fique em pé também. Se estiver sentada com os braços e pernas cruzadas, faça o mesmo. Chamamos isso de "congruência postural". É uma maneira excelente de ajudar alguém a se sentir mais confortável com você no nível inconsciente. Na maioria dos casos, essa pessoa não vai nem perceber que você a está copiando. Experimente fazer isso assim que puder.

Escute com atenção e demonstre empatia
Seja alguém cuja companhia é agradável para os outros. Evite ser egoísta e falar sobre si mesmo; em vez disso, aprenda sobre a outra pessoa. Fique calmo e fale devagar. Fazendo tudo isso, você vai passar a impressão de ser receptivo e as pessoas vão querer conhecê-lo.

30

VIVA CONSCIENTEMENTE

> *"Mindfulness é simplesmente saber o que está acontecendo neste momento, sem desejar que as coisas fossem diferentes."*
> *James Baraz*

Há planos em andamento para que presidiários perigosos na Grã-Bretanha aprendam técnicas baseadas em "mindfulness" para ajudar a acalmar seus impulsos violentos. No mundo corporativo, cursos e treinamentos para viver e trabalhar de acordo com os princípios de mindfulness estão sendo cada vez mais disponibilizados para os funcionários.

Mindfulness é estar presente aqui e agora. Mantendo-se focado completamente no momento, é possível desligar-se de preocupações sobre o passado ou de estresses em relação ao futuro. É uma questão de simplesmente prestar atenção ao que está acontecendo agora. Para repetir aquele velho clichê: acorde com um sorriso no rosto.

No fundo, é um chamado para que você fique tranquilo e em paz com o que está acontecendo em vez de se preocupar com o que poderia acontecer, o que deu errado ou o que está faltando. Todos nós somos especialistas em deixar nossos pensamentos e preocupações nos afastarem daquilo que está acontecendo do momento presente. Se já dirigiu distraidamente e chegou ao seu destino sem se lembrar de nada do tempo que passou dirigindo, você sabe exatamente qual é a sensação.

Agir com mindfulness trata-se de deixar o passado ficar no passado e considerar que o futuro ainda é algo que vai acontecer. É simplesmente estar no momento presente sem nenhuma preocupação com o que pode acontecer ou o que já aconteceu para atrapalhar.

Para aplicar mindfulness, é preciso se afastar de hábitos como:
- Pensar sobre o passado e sentir culpa por coisas que você não fez;
- Preocupar-se com o que pode acontecer amanhã ou na semana que vem;

- Ter medo de fazer alguma coisa hoje devido às consequências que podem acontecer amanhã.

> Agir com mindfulness trata-se de deixar o passado ficar no passado, e de considerar que o futuro ainda é algo que vai acontecer.

ENTRE EM AÇÃO

Faça amizade com seus pensamentos

Talvez você nunca consiga silenciar os milhares de pensamentos que passam pela sua cabeça todos os dias, mas é possível conseguir um pouco de paz e reduzir as distrações. Seu objetivo é:
- Parar de dar atenção a todos os seus pensamentos;
- Refrear o número de pensamentos que passam pela sua mente.

Comece a meditar e aprenda a silenciar e desacelerar sua mente. Há muitos métodos e estilos a escolher; encontre um que funcione para você. Pode ser acompanhado de música ou uma meditação guiada, tanto com uma pessoa, ouvindo um CD ou mesmo usando o YouTube.

Diminua a velocidade para curtir os pequenos momentos

Pare e olhe ao seu redor. Aprenda a observar o que está acontecendo. Treine sua mente para dar atenção ao que está acontecendo agora, ao que você está sentindo agora. Não dê tempo e espaço à sua mente para voltar às preocupações com o ontem e o amanhã. Encontre tantos momentos quanto for possível para aliviar sua mente das preocupações contínuas e incessantes. Quando estiver fazendo uma refeição em casa ou no restaurante, concentre-se em simplesmente curtir a comida, a companhia e o ambiente. Não se preocupe com o quanto vai custar, com a dificuldade que você teve em cozinhar ou com o tempo que você vai passar lavando os pratos.

31

ABRA MÃO DE CERTAS COISAS

> *"Qualquer relacionamento (social, romântico ou profissional) que só tenha um lado não é um relacionamento: é uma rua de mão única que vai em direção a lugar nenhum."*
> T. F. Hodge

Adoramos falar sobre decisões em que as duas partes saem ganhando. Na verdade, estas são decisões em que as duas partes saem perdendo: você acaba não tendo tudo o que quer em troca de permitir que o outro também não tenha tudo o que quer. Nós passamos a vida inteira abrindo mão de certas coisas, e frequentemente essa é a melhor maneira de seguir em frente. Algumas coisas são fáceis de abrir mão — aonde ir jantar, a que filme assistir no cinema, qual é o melhor lugar para fazer uma reunião fora da empresa ou quem vai ser o primeiro a falar em uma apresentação de vendas. Decisões mais impactantes em relação às coisas grandes da vida — mudanças de emprego, casamento, comprar uma casa, ter filhos — são mais desafiadoras.

Esses tipos de escolha apelam ao núcleo de quem somos: nossas ambições, sonhos e objetivos de vida; coisas que simbolizam a nossa identidade. Não é fácil abrir mão de certas coisas e ser flexível com elas. Mas chegar a um meio-termo é essencial se levar em conta o bem das pessoas próximas a você e os relacionamentos importantes em sua vida. É muito pouco provável que os seus objetivos de vida e ambições sejam idênticos aos das pessoas que são importantes para você. Como resultado, haverá momentos em que suas necessidades e objetivos vão entrar em conflito.

Recentemente, orientei um líder que recebeu uma oferta de uma promoção, mas, em contrapartida, teria que se mudar rapidamente para Singapura. Ele queria aceitar a oferta, mas sua esposa adorava o emprego que tinha em Londres e seus filhos haviam acabado de se adaptar à nova escola. Situações como essa pedem decisões maduras e negociação.

Quantas vezes você se deparou com grandes decisões críticas que envolvem as pessoas mais próximas de você?

> Chegar a um meio-termo é essencial se levar em conta o bem das pessoas próximas a você e os relacionamentos importantes em sua vida.

ENTRE EM AÇÃO

Desapegue-se

Lembre-se dos méritos de abrir mão de certas coisas. Ceder pode ser uma boa decisão para você e seus relacionamentos. Infelizmente, quando as emoções e tensões estão exacerbadas, cria-se uma pressão que lhe dá pouco tempo para pensar. Lembre-se:

- Você não precisa estar certo. Seja honesto consigo mesmo sobre a sua motivação — e não se apegue teimosamente a um simples desejo de vencer;
- Pense no quanto o resultado é importante e no quanto você pode ser flexível enquanto busca por pontos em que pode ceder;
- Esteja disposto a aprender e a mudar. Seja criativo ao procurar por situações que podem ser boas para todas as partes. Esteja pronto para tentar algo novo. Isso pode começar com você compartilhando abertamente seus sentimentos e preocupações.

Aprenda a identificar quando não for possível abrir mão de alguma coisa

O segredo é saber quando ceder e quando resistir. Pense na situação e aja de acordo com a compreensão dos efeitos prováveis da sua decisão. Considere esta pergunta: o quanto a sua necessidade de vencer é importante, comparado ao valor do relacionamento? Se estiver em dúvida, tente encontrar um meio-termo.

Se não for possível chegar a um acordo, quando os seus valores, a ética e a integridade estiverem sendo postos à prova, você deve resistir. Não é uma boa ideia abrir mão das suas crenças mais fundamentais.

32

SEJA MAIS DO QUE O SEU TRABALHO

> *"Você trabalha para viver ou vive para trabalhar? Se você ama o seu trabalho, isso não importa."*
> Mary-Frances Winters

"Com o que você trabalha"? Quantas vezes você ouviu isso quando foi apresentado a novas pessoas? Essa é uma pergunta que compele você a falar sobre seu emprego e profissão. Você é colocado em uma caixa e todas as outras coisas que lhe dão identidade são solenemente ignoradas. Durante algum tempo, respondi a questão com a frase "Eu passo o meu tempo sorrindo", mas isso só atrasava o inevitável.

Se você estiver com pessoas que estão falando sobre suas carreiras e trabalhos importantes, pode ser desconfortável explicar que você é pai ou mãe em período integral, um estudante que entrou na universidade depois dos trinta anos ou que está procurando emprego. Você pode sentir que tem pouco a contribuir.

Mas falar a alguém sobre o seu trabalho realmente diz quem você é? Se você vive para trabalhar, então provavelmente sim. Você ficaria feliz em ser definido como "aquela pessoa que tem aquele cargo naquela empresa". Mas a maioria das pessoas não é assim; são totalmente o contrário. A maioria das pessoas trabalha para viver. Não são necessariamente apaixonadas pelo que fazem; podem, inclusive, achar que seu emprego é entediante ou até mesmo desprezá-lo.

O importante é lembrar que o trabalho é somente um aspecto de quem você é; uma parte de como decide viver sua vida. Mesmo se você disser que o seu trabalho é tudo e que seu sucesso vem dele, será que isso é realmente o sucesso, se está excluindo todo o resto?

> O trabalho é apenas um aspecto de quem você é.

ENTRE EM AÇÃO

Defina quem você quer ser
Decida o motivo pelo qual você quer ser conhecido. Esqueça as prioridades das outras pessoas por um momento e pense nas suas. Se os cargos com títulos que são importantes para outras pessoas não são para você, o que importa na sua opinião?

Coloque suas próprias prioridades no papel. Seja honesto em relação a elas. Sua lista deve refletir aquilo com o que você se importa, não aquilo com que as outras pessoas se importam. Quando terminar, transforme essa lista na história que você vai contar da próxima vez que alguém perguntar o que faz. Faz parte da natureza humana gostar de histórias, e qualquer coisa que você disser vai ser muito mais interessante do que o título de um cargo ou um empregador de peso.

Sucesso é sucesso
Descarte a percepção comum de que trabalho e sucesso na carreira têm mais peso, prestígio e importância do que sucessos em outras partes da sua vida. O sucesso também está em criar uma família, fazer serviços beneficentes, reformar sua casa, estudar para conseguir um diploma universitário, treinar o time esportivo dos seus filhos ou pintar retratos. Os seus sucessos são os seus sucessos. Tenha orgulho deles, quaisquer que sejam; e daí que não sejam reconhecidos? O mundo seria um lugar muito chato e entediante se as pessoas concentrassem toda a sua energia em carreiras e empregos.

Escolha o que funciona para você
O segredo é encontrar um equilíbrio consciente — um equilíbrio entre a importância do seu trabalho e a importância de outros aspectos da sua vida. Tome decisões conscientes sobre como investir seu tempo e seus esforços:
- Trabalhar meio-período poderia ser uma maneira de terminar de escrever aquele seu primeiro livro?
- Ter dois empregos por algum tempo poderia ajudá-lo a ganhar dinheiro para bancar um curso para a carreira dos seus sonhos?

33

PRATIQUE O AUTOCONHECIMENTO

> "A principal tarefa do homem na vida é criar a si mesmo, tornar-se o que ele potencialmente é. O produto mais importante de seus esforços é sua própria personalidade."
> Erich Frommt

Quando está dirigindo, é preciso tomar cuidado com os pontos cegos dos retrovisores. O mesmo se aplica à sua personalidade. É muito difícil ter uma vida de sucesso estando cego a algumas partes da sua própria personalidade, não importa o quanto elas lhe causem desconforto. Quando oriento pessoas, sempre digo: "Não é melhor saber o que as outras pessoas já sabem sobre você? Por que ficar cego a como você é percebido?".

Aprenda mais sobre a sua personalidade pedindo opiniões e feedback às pessoas. Você pode fazer um teste de personalidade ou usar uma ferramenta de avaliação psicométrica como o MBTI, o DISC ou a avaliação de Harrison. Tipicamente baseados em completar um questionário, os resultados podem ser muito reveladores.

Quando se entender melhor, você será capaz de otimizar a sua personalidade, maximizando os seus pontos fortes e administrando as suas fraquezas. Cada um de nós tem forças inatas ou desenvolvidas em como interagimos, trabalhamos e nos comunicamos. Use-as da melhor maneira possível e faça de tudo para que não se transformem em fraquezas. A autoconfiança, por exemplo, pode ser uma vantagem enorme, mas você precisa se certificar de que ela não evolua para o lado da arrogância.

Áreas mais fracas da nossa personalidade podem ser difíceis de eliminar totalmente. Todos nós podemos ser impacientes, excessivamente sensíveis e emotivos às vezes, e traços de personalidade como esses não são fáceis de mudar. O segredo é tomar cuidado em situações em que uma fraqueza pode abalar suas estruturas. Aprenda a reconhecer quando você precisa fazer um esforço extra para ser paciente ou menos sensível a ataques.

> Saiba o que as outras pessoas já sabem sobre você.

ENTRE EM AÇÃO

Avalie sua própria personalidade
Quando foi a última vez que você analisou sua personalidade? Aproveite para avaliar sua combinação de comportamentos, características, psique, estilo e mentalidade. Todos os dias, as pessoas ao seu redor observam e vivenciam essas coisas quando interagem com você. Agora é a hora para refletir sobre o que elas realmente veem.

Como a sua família, amigos e colegas lhe descreveriam se eu pedisse que fizessem isso? Você é uma pessoa:
- Extrovertida e expansiva ou discreta e introvertida?
- Impulsiva ou comedida?
- Emocional ou racional?
- Boa ouvinte ou alguém que adora falar de si?
- Positiva e feliz ou que se deprime facilmente por eventos negativos que acontecem à sua volta?

É mais provável que você exiba diferentes personalidades em diferentes situações. Muitos de nós têm uma personalidade em casa e outra no ambiente de trabalho. Tente entender como as pessoas em contextos diferentes o enxergam.

Enquanto estiver repassando as características da sua personalidade, tenha a noção de que sempre que faz algo que envolve outras pessoas ou emoções, você vai revelar diferentes elementos da sua personalidade. Por exemplo, quando:
- Você está sob pressão do seu chefe;
- Está preso em um engarrafamento;
- Pedem que você lidere uma reunião difícil;
- Tem de dar más notícias a alguém;
- Fala em público para uma plateia grande.

Outras pessoas podem acertar bastante quando nos descrevem. Saber o quanto aqueles que são mais próximos de nós nos conhecem pode ser assustador. A pergunta é: o quanto você se conhece?

34

ABRACE O ENVELHECIMENTO

> *"Como a sociedade associa felicidade com juventude, nós frequentemente presumimos que a tristeza, o desespero silencioso e a desolação andam de mãos dadas com o envelhecimento. Mas isso não é verdade. A dor emocional ou a apatia são sintomas de uma vida errada, não de uma vida longa."*
> Martha Beck

Pare de chorar pelo que você perdeu e comece a aproveitar o que conquistou. Nós vivemos em um mundo em que a juventude é idolatrada e o sucesso parece chegar para as pessoas jovens apenas quando são adolescentes, quando estão na casa dos vinte ou talvez trinta anos. Eles parecem ser as pessoas que quebram recordes, ganham milhões, escrevem best-sellers e lideram start-ups de alto crescimento.

Nós passamos tempo demais olhando para trás. Pessoas com mais de vinte anos adorariam ter uma vida de estudante, sem grandes preocupações. Pessoas com mais de quarenta sentem saudades dos dias descomplicados de quando tinham trinta e poucos anos. Pessoas com mais de sessenta se arrependem de terem perdido a oportunidade de realizarem novos sonhos de vida e de carreira.

É tempo de parar com todo esse saudosismo em relação aos velhos tempos. Envelhecer é bom. Abrace o seu envelhecimento e abra os olhos para oportunidades incríveis que isso lhe dá. Estou perto de alcançar o meu meio século de vida e compreendo verdadeiramente a gama de sentimentos com que você se depara a cada ano que passa. Em vez de se concentrar naquilo que perde conforme envelhece, concentre-se no que está ganhando — experiência, novos insights, sabedoria, novas oportunidades e aventuras para as quais você nunca teve tempo antes.

Não viva negando sua idade ou tentando combatê-la com distrações fugazes que lhe dão a ilusão de fuga. Abrace-a.

> Pare de chorar pelo que perdeu e comece
> a aproveitar o que conquistou.

ENTRE EM AÇÃO

Desapegue-se de quem você era
Aja como se fosse jovem, sempre. Na verdade, faça-me o favor de agir como se fosse jovem — seja jovial e reviva atividades dos seus dias de juventude, mas lembre-se de que jamais poderá ser aquela versão de si mesmo outra vez. Você viveu além daquele período da sua vida. Teve muitas experiências desde então, observou o que vem depois e tem o benefício da vivência.

Abrace o que você se tornou
O segredo é abraçar o que você se tornou enquanto permite a si mesmo continuar ligado à pessoa que você era. Esteja confortável consigo mesmo em qualquer idade. Seja o que você se tornou enquanto se permite revisitar a juventude.

Pense agora sobre quantas experiências de vida você conquistou depois de ter "estado lá" e "feito todas aquelas coisas". Contente-se por já ter passado por tantos eventos e momentos, coisas com as quais as pessoas mais jovens ainda têm de se deparar.

Pense na sabedoria que conquistou depois de passar pelos altos e baixos da vida, com todas as suas alegrias e tristezas. Não subestime a compreensão incrível que a sabedoria lhe dá em relação às pessoas e ao mundo ao seu redor.

Nunca é tarde demais para mudar
A coisa mais triste do mundo é quando alguém se sente velho demais para desejar alguma coisa. Já perdi a conta de quantas vezes orientei alguém que usava a idade como desculpa. Não é exatamente a sua idade que o puxa para trás; é a sua mente, cheia de receios e preocupações com o fracasso, com medo de enfrentamentos e, às vezes, até mesmo receosa de ter sucesso.

35

SEJA TANTO EXTROVERTIDO QUANTO INTROVERTIDO

> *"Uma pessoa extrovertida olha para uma pilha de livros e vê uma pilha de papel, enquanto uma pessoa introvertida olha para a mesma pilha e vê uma fonte relaxante de escapismo."*
> Eric Samuel Timm

Você é uma pessoa extrovertida ou introvertida? A percepção comum é que pessoas extrovertidas são autoconfiantes, barulhentas e adoram falar em público, enquanto as introvertidas são tímidas e discretas, que ficam em segundo plano. Isso é errado. Um verdadeiro extrovertido é alguém que gosta de falar das coisas que está pensando, de passar seu tempo com outras pessoas e de aprender. Um verdadeiro introvertido gosta de pensar antes de falar, é bom ouvinte, fica feliz em seu próprio espaço e reflete sobre as ideias antes de agir. Uma pessoa extrovertida pode aparentar ser tão tímida ou autoconfiante quanto uma introvertida.

De acordo com pesquisas de psicologia que remontam à época dos trabalhos do psiquiatra Carl Jung, nós nascemos de um jeito ou de outro. Talvez você já saiba qual é sua personalidade por meio do teste de Myers-Briggs (conhecido como MBTI). Todos nós exibimos uma combinação de ambos os estilos, mas cada um de nós é mais predominante em um aspecto do que no outro. Esse estilo dominante é como as outras pessoas nos veem.

A chave para o seu sucesso é adotar conscientemente a característica mais adequada à situação na qual você se encontra; adotar a extroversão ou a introversão. O objetivo não é perder seu estilo natural; isso faz parte de quem você é. Em vez disso, é simplesmente conseguir sair do seu piloto automático e da sua maneira natural de ser. Às vezes a pessoa mais discreta precisa falar de maneira mais eloquente para ser ouvida, enquanto a pessoa que domina as reuniões decide assumir um papel mais secundário e permite que outras pessoas expressem suas ideias.

> A chave para o seu sucesso é adotar conscientemente o estilo mais adequado à situação na qual você se encontra.

ENTRE EM AÇÃO

Como ser mais introvertido
Se você é uma pessoa extrovertida, é possível praticar a introversão usando as seguintes técnicas:
- Permita-se ser alguém mais reflexivo e pensativo; usar um diário vai ajudar você a olhar mais para dentro de si e a passar um tempo capturando os pensamentos enquanto estiver sozinho;
- Adote alguns hobbies solitários — pintura, leitura ou caminhadas vão ajudá-lo a aprender a estar feliz com a própria companhia e ter somente a si mesmo para conversar;
- Aprenda a parar e a ser mais paciente; permita-se parar de se apressar tanto para falar, entrar de cabeça em algum projeto ou compartilhar sua ideia mais recente;
- Torne-se um ouvinte mais atento; deixe-se escutar primeiro e pensar antes de começar a falar. Deixe de sempre ser o primeiro a se pronunciar em uma discussão em grupo ou reunião.

Como ser mais extrovertido
Se você é uma pessoa mais introvertida, aqui estão algumas ideias para ser mais extrovertido em casa e no trabalho:
- Pare de se esconder; procure passar mais tempo na companhia de outras pessoas. Quando estiver com elas, force-se a falar mais;
- Deixe a porta do seu escritório ou estúdio aberta;
- Convide pessoas para se conectarem com você — tanto seus colegas do trabalho quanto seus vizinho;
- Seja a pessoa que fala primeiro em reuniões e discussões; tente falar conforme os pensamentos surgem em sua cabeça em vez de refletir internamente, antes de falar;
- Saia da sua zona de conforto; encontre atividades em que você possa praticar a autoexpressão. Em um dos extremos, você pode decidir entrar para um clube de debates ou começar um curso de oratória, em que você será estimulado a falar e fazer apresentações em público.

36

ABRA SUA MENTE

> *"É importante manter a mente aberta. O cérebro é programado para nos proteger e isso pode significar impor limites no que ele pensa que podemos ou devemos fazer. Lute constantemente contra esses limites, porque o cérebro às vezes é cauteloso demais."*
> Chrissie Wellington

Você é realmente uma pessoa de mente aberta ou enxerga somente o que já observou e só presta atenção àquilo que já ouviu falar? Nós somos criaturas calcadas em hábitos e adoramos as coisas do jeito que são.

Quando você se apega teimosamente às suas opiniões e conclusões é impossível assimilar novas informações e ideias. Ignorar novas perspectivas e maneiras de ver o mundo, ou varrer ideias das quais não gostamos para debaixo do tapete, fecha nossos olhos e impede nosso crescimento e realização de todo o nosso potencial.

É verdade que achamos que sabemos todas as respostas para os desafios e para as questões com as quais nos deparamos: "O que eu estou fazendo?", "O que eu deveria fazer a seguir?", "Para onde eu vou?", "Com quem eu deveria me conectar?", "O que eu devo dizer?", "Por que estou fazendo?, "O que eu quero?". Às vezes, nós nos iludimos criando perguntas quando, em nossas mentes, já temos a resposta que queremos ouvir. Pessoas de sucesso sempre têm a mente aberta porque você só é capaz de fazer as escolhas certas quando avalia igualmente diferentes opiniões, ideias e decisões.

Pratique a arte de abrir a mente. Aprenda a gostar de escutar e receber novos conceitos, informações e opiniões. Questione perspectivas que você sempre teve, mas que nunca tenha desafiado. A alternativa é correr o risco de viver no piloto automático, apegado a velhos hábitos e padrões de pensamento. Não importam as escolhas e decisões que você está enfrentando, sempre faça isso com a mente aberta.

> Quando você se apega teimosamente às suas opiniões e conclusões, é impossível assimilar novas informações e ideias.

ENTRE EM AÇÃO

Deixe de ser teimoso
Pergunte às pessoas próximas se elas o veem como alguém aberto a novas ideias e opiniões. Você:
- Escuta com atenção os pontos de vista das outras pessoas?
- Aceita sugestões e ideias alternativas?
- Ajusta sua maneira de pensar de acordo com a situação?
- Desapega-se de suas opiniões mais arraigadas sobre como as coisas deveriam ser feitas?

Todos podemos agir com um pouco de teimosia. Por isso, não se preocupe se lhe disserem que você às vezes tem a cabeça fechada. O objetivo deste exercício é começar a ter mais consciência em relação a si mesmo — começar a observar quando a sua mente está fechada e apegada a ideias que talvez não sejam as melhores para o seu sucesso. Da próxima vez que discutir com alguém simplesmente para justificar as próprias posições, pare e tente compreender a perspectiva da outra pessoa.

Um teste fácil para avaliar o quanto a sua mente é fechada é verificar a frequência com a qual você usa a palavra "mas". Atente-se a quantas vezes essa palavra surge nas suas conversas. Toda vez que a diz, pode estar se fechando a uma alternativa ou ideia válida. De agora em diante, quando perceber que está prestes a dizer "mas", pare de falar e comece a escutar.

Aceite as opiniões das outras pessoas
Ter a mente fechada pode afastar as pessoas de você. Elas param de compartilhar coisas e começam a não expressar suas opiniões e ideias se ficar claro que você raramente escuta ou se importa com o que elas têm a dizer.

Uma ferramenta poderosa para manter a mente aberta é sempre fazer perguntas como:
- O que você acha?
- Quais alternativas você sugere?
- Você acha que posso estar errado na minha maneira de pensar?
- Acha que estou sendo teimoso demais?

37

SEJA O MELHOR PAI E A MELHOR MÃE

> *"Há momentos em que, como pai, você percebe que a sua função não é ser o pai que sempre imaginou ser ou o pai que sempre desejou ter. Seu trabalho é ser o pai que seu filho precisa, considerando as características da vida e da natureza dele."*
> Ayelet Waldman

Infelizmente, a maioria das pessoas que oriento se ressente da maneira como criou os filhos. Elas sentem que seus filhos não são o bastante em muitas coisas — felizes, emotivos, esportivos, diplomáticos, inteligentes, respeitosos, acadêmicos, amigáveis ou ambiciosos. Aparentemente, nós nos esquecemos de que uma criança não é uma máquina para ser consertada ou programada. Ela é uma combinação singular de características de personalidade, experiências e compreensões.

Ser pai é um processo de permitir que as alegrias e as maravilhas de ter crianças em sua vida superem quaisquer desvantagens. É muito frequente eu conversar com pais que não conseguem superar o choque causado em suas vidas pela experiência de terem filhos. Certamente, é chocante sair de uma vida em que havia apenas o casal e subitamente se ver em uma família com todas as responsabilidades, falta de dinheiro extra para gastar e das noites sem dormir que isso envolve. Pode ser muito fácil ficar infeliz com as mudanças que a paternidade/maternidade traz.

Há um ditado que diz que é somente quando nos tornamos pais que realmente passamos a entender nossos próprios pais. Qualquer que seja o relacionamento que tenha com seus pais, você deve criar seu próprio caminho, trabalhando com seu marido ou esposa para criar suas próprias regras. Basta dar uma olhada nas centenas de livros sobre como criar filhos para perceber que não existe uma regra para seguir. Em vez disso, há temas que você pode seguir para ajudar a garantir que seus filhos sejam criados da melhor maneira. Mas, no fim das contas, você deve ter autoconfiança e paciência para criar seus filhos à sua própria maneira, ajudando-os a se desenvolverem e a se transformarem em adultos capazes de criar suas próprias vidas de sucesso.

> Você deve ter a autonomia e paciência para criar seus filhos à sua própria maneira, ajudando-os a se desenvolverem e se transformarem em adultos capazes de criar suas próprias vidas de sucesso.

ENTRE EM AÇÃO

Seja um modelo a ser seguido
As crianças veem, registram e imitam tudo ao seu redor. Seu jeito de agir como pai ou mãe causa um impacto profundo nelas. Nos anos que vierem, não se surpreenda com o que seus filhos se transformarem, já que muito do que eles são é uma cópia daquilo que você é. Aja sempre de acordo com o que fala e esteja ciente de que é um modelo a ser seguido. Lembre-se:
- Você não pode estimular seus filhos a compartilharem suas coisas quando eles o veem como uma pessoa egoísta;
- Seus filhos podem não ser muito amorosos quando crescerem se você agir com rispidez ou severidade em relação a seu marido ou sua esposa.

Se não tiver nada de bom a dizer, então não diga nada. Tenha cuidado quando for falar mal de outras pessoas na frente dos seus filhos. Se você for separado ou divorciado, nunca fale mal do(a) ex-companheiro(a), que continua sendo pai ou mãe dos seus filhos.

O melhor conselho que posso dar: seja você mesmo, e tente garantir que você seja alguém de quem sinta orgulho por servir de modelo para que seus filhos aprendam e copiem.

Deixe que seus filhos se descubram
Permita que seus filhos descubram suas próprias paixões, ambições, sonhos e crenças. Leia contos de fadas e estimule-os a ler, a serem criativos e a dar asas à imaginação. Permita que a descoberta e a curiosidade

floresçam em seus filhos. Deixe que a singularidade deles flua. Tome cuidado ao estimulá-los a se envolverem com certas atividades ou hobbies. Mostre, encoraje, mas não os force. Não os obrigue a participar de atividades apenas porque era isso que você fazia quando era criança ou porque gostaria de ter feito. Lembre-se de que a vida é uma questão de encontrar os próprios caminhos e soluções. Estimule-os a resolver problemas por conta própria e a buscar suas próprias respostas; ensine-os a pescar em vez de sempre dar o peixe no prato. Aprenda a aceitar e entender mais as escolhas que eles fazem.

38

AFASTE-SE DA POLUIÇÃO

> *"Em um país subdesenvolvido, não beba a água.*
> *Em um país desenvolvido, não respire o ar."*
> Chrissie Wellington

Ambientes poluídos são ruins para a sua saúde, causam estresse ou vão deixá-lo infeliz. Independentemente de ser uma poluição natural ou causada pela mão do homem, afaste-se disso.

Certa vez, considerei a ideia de me mudar para viver e trabalhar em uma nova cidade. Minha esposa e eu passamos dois ou três dias visitando escolas e procurando casas naquela região. A poluição do ar era muito ruim, nossos olhos ardiam e sentíamos o gosto dela na boca. Não deve surpreender o fato de que decidimos não nos mudar para lá.

Níveis desconfortáveis de poluição podem ser encontrados em todos os lugares do mundo. Alguns amigos recentemente se mudaram de uma pequena cidade em Dorset para Londres. E ficaram chocados com o ruído constante do lugar e o ar sujo.

Mas não se trata somente da qualidade do ar. A poluição pode assumir muitas formas, e frequentemente passa despercebida até ser tarde demais. Você pode já ter passado pelas seguintes experiências:

- Trabalhar em um escritório sem nenhuma fonte de luz natural e sem ar fresco;
- Viver perto de uma estrada barulhenta ou linha ferroviária;
- Viver no meio de uma cidade em que é forçado a ter cortinas com efeito *blackout* para conseguir dormir;
- Ter o quintal de casa próximo a um canal malcheiroso ou um depósito de lixo;
- Viver em uma cidade pequena onde sua alergia ao pólen ataca com frequência;
- Passar o dia inteiro em um escritório barulhento, ouvindo músicas que você detesta.

Aprenda a identificar os sinais e reconheça como o seu ambiente afeta sua saúde e níveis de estresse. Se necessário, deixe esse lugar para trás.

> Aprenda a identificar os sinais e reconheça como o seu ambiente afeta sua saúde e aumenta seus níveis de estresse.

ENTRE EM AÇÃO

Entenda o que realmente lhe causa desconforto

Todo mundo adora reclamar um pouco. É fácil adotar uma mentalidade de "não culpe a mim, culpe a eles". O que você precisa se perguntar é o seguinte: "O que realmente faz com que eu me sinta desconfortável ou infeliz"?

- Você está se sentindo estressado porque vive em um ambiente com poluição sonora ou o seu estresse advém de ter se mudado para uma nova cidade?
- A pouca visibilidade e a má qualidade do ar o irritam porque isso diminui o valor da sua casa ou porque afeta sua saúde?
- Você se sente infeliz com a má qualidade do ar ou porque seu companheiro reclama constantemente dela?

Faça pequenos ajustes

É possível escapar da poluição. Você pode mudar de casa, mudar de emprego e até mesmo se mudar para outro país, se precisar. Mude o que você pode mudar e aceite o que não pode. Se você decidir morar e trabalhar em uma cidade como Londres, Nova York, Pequim ou Jacarta, é preciso aceitar que há pouca coisa que se pode fazer para melhorar a qualidade do ar. Você pode ter de caminhar menos fora de casa ou começar a usar uma máscara. Use filtros de ar no escritório. Filtre a água da torneira em casa. Use um purificador de ar automático. Instale vidraças duplas no seu quarto. Sempre existem alternativas.

Faça uma lista indicando o quanto a poluição o incomoda e, em cada item da lista, anote as mudanças, tanto grandes quanto pequenas, e os ajustes que pode fazer para administrar seus efeitos.

39

SAIA DA SUA ZONA DE CONFORTO

> *"Estou sempre tentando tomar decisões que me colocam fora da minha zona de conforto. Enquanto você se sentir desconfortável, é sinal de que está crescendo."*
> *Ashton Kutcher*

Se você tem uma vida perfeita com toda a sorte e sucesso que deseja, fique na sua zona de conforto. Não se renda à tentação de sair dela. Caso contrário, prepare-se para sair dessa zona agora. O sucesso não vai chegar até você; é você quem tem de sair e ir buscá-lo.

Todos nós vivemos em zonas de conforto. É reconfortante saber exatamente onde você está e o que faz. É ótimo saber que o fracasso não é um grande problema. Sabe me dizer como é a sua zona de conforto? Você está:

- Estável em seu emprego, sem se esforçar para conseguir uma promoção mais desafiadora?
- Em um relacionamento que parece ser bom, quando, no fundo do coração, você quer se afastar?
- Contendo seus impulsos para abrir uma nova empresa?
- Adiando seu retorno à faculdade ou às aulas de dança?

Por que ficamos presos em zonas de conforto? Por que nos privamos de assumir compromissos com coisas que sabemos que realmente queremos fazer? De maneira geral, fazemos isso pelo medo do fracasso. Ficamos aterrorizados quando as coisas não acontecem de acordo com o plano, ao ouvir a palavra "não" ou algum outro constrangimento não especificado.

Assim, por que alguém desejaria sair da sua zona de conforto? A razão mais comum é quando a dor e o custo de não mudar se tornam grandes demais para suportar — maior do que os benefícios de manter o as coisas como elas estão.

Às vezes, o fato de estarmos perdendo o chamado "custo de oportunidade" nos motiva a fazer uma mudança — quando você quer tanto alguma coisa que está disposto a trilhar um caminho desconhecido para consegui-la.

> O sucesso não vai chegar até você; é você quem tem de sair e ir buscá-lo.

ENTRE EM AÇÃO

Entenda seus medos e preocupações
Entender seus medos, ansiedades e preocupações pode ajudar bastante na hora de sair da sua zona de conforto. Quais são as influências negativas que acontecem e se repetem em sua vida? Pergunte para você mesmo agora: com o que mais se preocupa e teme quando se depara com a mudança?
- O medo de perder dinheiro, prestígio ou outras coisas?
- Preocupação com o que os outros vão pensar e dizer?
- Medo de fracassar e de se constranger?
- Desconforto com o desconhecido e do inesperado?
- O medo de perder aquilo com o que se acostumou, mesmo que não seja o ideal para você?

Vale a pena sofrer para conseguir vencer
Quando a necessidade de sair da zona de conforto chega e você se pega dizendo "Eu realmente deveria fazer alguma mudança" ou "Deveria aproveitar essa nova oportunidade", faça duas perguntas a si mesmo e compare os benefícios com as desvantagens:
- "O que ganharia se fizesse essa mudança?";
- "O que eu vou deixar de ganhar se continuar onde estou?".

Os benefícios são normalmente fáceis de explicar. Pode ser um melhor equilíbrio entre o trabalho e a vida pessoal, um trajeto mais tranquilo de casa para o trabalho, melhores relacionamentos, e assim por diante. Então, também pergunte-se:
- "Qual é o custo ou o sofrimento que eu tenho que encarar para fazer tal mudança?";
- "Qual é o preço de mudar meu estado atual?".

Os contras podem ser mais difíceis de formular e muito frequentemente se resumem à sua lista de medos e preocupações. Quando oriento pessoas em relação a essa questão da zona de conforto, percebo que ajuda muito perguntar: "Qual é a pior coisa que pode lhe acontecer? Qual é a probabilidade de isso realmente acontecer? Esse pior cenário possível realmente deve impedi-lo de fazer uma mudança que você quer ou precisa fazer?".

40

VALORIZE AS PESSOAS QUE ESTÃO MAIS PERTO DE VOCÊ

> *"Desenvolva o hábito de dizer obrigado às pessoas. De expressar sua gratidão sinceramente e sem esperar nada em troca. Valorize as pessoas à sua volta e você logo vai encontrar outras à sua volta."*
> *Ralph Marston*

Você demonstrou a alguém, hoje mesmo, que realmente valoriza essa pessoa? Há inúmeras oportunidades de mostrar o quanto você é grato àqueles que estão à sua volta. Assim, tenha certeza de aproveitar a companhia dessas pessoas.

Preste atenção às pequenas coisas que elas fazem — colocar comida na mesa, encontrar tempo para ajudar em uma crise ou cobrir sua ausência quando você precisa tirar uma folga.

É fácil achar que as coisas simplesmente são assim, especialmente quando se torna normal ou repetitivo. Deixar de reconhecer, escutar e observar aqueles com quem você mora, trabalha e passa o seu tempo infelizmente é algo muito comum. Assim como ignorar o que eles possam estar dizendo e fazendo, também é possível que você esteja ignorando o que essas pessoas sentem.

> Você mostrou a alguém, hoje mesmo, que realmente valoriza essa pessoa?

Tente não cair nessa armadilha. Você pode sentir o impulso de culpar o seu passado, dizendo "Mas meus pais nunca me agradeceram, elogiaram ou amaram". Qualquer pessoa é capaz de aprender a fazer essas coisas de várias maneiras possíveis. Às vezes, umas poucas palavras são o bastante, mas pode ser incrível surpreender alguém com um cartão ou um presente.

ENTRE EM AÇÃO

A chave é lembrar
Seu desafio é sempre se lembrar de valorizar as pessoas e demonstrar a sua gratidão. As pessoas detestam serem esquecidas e subvalorizadas. Pergunte a si mesmo todos os dias: "Quem eu preciso valorizar hoje?". Use uma caderneta para conseguir se lembrar.

Se você não planejou nada grandioso para o aniversário de uma pessoa ou para seu aniversário de casamento, demonstre sua gratidão com palavras e presentes simples, só não deixe a data passar em branco. Faça qualquer coisa, mas faça.

A questão de como demonstrar apreciação normalmente é facilmente decidida quando você tiver certeza de que deseja agradecer alguém.

Vá além de simplesmente "dizer obrigado"
Claro, é importante dizer obrigado, mas nem sempre é o suficiente. Quando o "obrigado" é dito de maneira repetitiva e sem sentimento, a palavra perde o poder. Por exemplo, talvez você queira expandir em um simples "obrigado" com a seguinte ideia: "Obrigado novamente pelo esforço de conversar com o seu chefe sobre como eu poderia mudar de departamento. Entendo que você não se sentia confortável em tocar nesse assunto por medo de demonstrar um favoritismo indevido. Realmente agradeço sua disposição em perguntar".

Mostrar uma apreciação autêntica pode ser ainda mais impactante quando isso não é esperado e quando reconhece o esforço que a outra pessoa fez.

41

BUSQUE E USE A SABEDORIA

> *"Há três maneiras de adquirir sabedoria: a primeira é a reflexão, a mais nobre de todas; a segunda é a imitação, a mais fácil; e a terceira é a experiência, a mais amarga."*
> Confúcio

Descobrir o seu guru interior não significa ser velho e passar o dia sentado em alguma caverna. Se você for observador e refletir bastante, já é meio caminho andado.

Inclusive, você pode não saber ao certo quanta experiência e conhecimento já tem sobre o mundo ao seu redor. É fácil deixar de perceber, mas essa experiência, se conseguir utilizá-la, pode lhe trazer muitos benefícios — ajudar a saber o que você quer na vida, o que ama, quais são suas forças, que coisas é capaz de fazer e como, seus medos, e assim por diante. Utilizar essa experiência é uma ferramenta essencial para uma vida de sucesso.

A sabedoria está à sua volta. Além de utilizar sua própria, lembre-se de buscá-la em outras pessoas. Você vai se ver cercado por muitas pessoas mais velhas que já vivenciaram muitas coisas, mas, da mesma maneira, não ignore a sabedoria que vem de fontes inesperadas como seus filhos, sobrinhos e netos, cujos pensamentos podem ser iluminadores.

Um dos principais usos da sabedoria é capacitá-lo a crescer como pessoa, tornando-se mais consciente e desenvolvendo a si mesmo. Um sinal de verdadeira sabedoria é quando a pessoa assume a responsabilidade por sua vida e resiste à tentação de culpar os outros pela situação em que se encontra. Sua vida é sua responsabilidade. Aceitar isso é um sinal de verdadeira sabedoria e envolve fazer perguntas a si mesmo sobre o seu eu e o que você deve mudar. Parafraseando as palavras do místico Rumi, ontem você era uma pessoa esperta e queria mudar o mundo; hoje é uma pessoa sábia e está mudando a si mesmo.

> Um sinal de verdadeira sabedoria é quando a pessoa assume a responsabilidade por sua vida.

ENTRE EM AÇÃO

Busque experiências para desenvolver sua sabedoria
Se passar todo o seu tempo fazendo ou pensando nas mesmas coisas, vai acabar se tornando um especialista, mas somente nas situações recorrentes. Quando você tiver dominado as tarefas, não vai mais ganhar nenhum insight ou aprendizado. Chega um momento em que você pode precisar ir além do que vinha fazendo para conseguir novas experiências e insights.

Há uma quantidade enorme de maneiras de fazer com que o aprendizado de coisas novas se transforme em hábito:
- Quando estiver malhando na academia, tente usar um aparelho diferente ou fazer outra série de exercícios;
- Quando estiver trabalhando, assuma novas tarefas e responsabilidades; isso pode levar a novas descobertas ou entendimentos relacionados aos negócios e como você aborda as coisas;
- Em seu tempo livre, quebre a rotina de como passa fins de semana e feriados. Mergulhe em uma nova viagem de carro ou desenvolva novos hobbies;
- Quebre até as rotinas mais simples, como o sabor de chá que você bebe, para estimular o hábito de experimentar coisas diferentes;
- Passe mais tempo aprendendo com os outros. Pode ser com o seu vizinho aposentado, seus avós, seus filhos ou um ex-chefe. Sua sabedoria cresce conforme você passa mais tempo discutindo seus sonhos, desafios e preocupações com um grupo de pessoas.

Permita-se julgar e discernir melhor
Desenvolva o hábito de criar suas próprias respostas para problemas e situações com que você se depara diariamente em vez de recorrer aos outros. Da próxima vez que precisar de uma solução, não pergunte "O que eu deveria fazer?"; em vez disso, compartilhe os problemas e suas ideias sobre como os resolveria ou os abordaria. Peça a outras pessoas para desafiarem seu modo de pensar, sua compreensão e suas conclusões. Se escutar com atenção o que eles têm a dizer e pensar com cuidado em como vai responder, vai conseguir aprofundar sua própria sabedoria.

42

IMITE OS MELHORES

> *"Para alcançar seu objetivo, você tem de entrar no personagem do vencedor. Pessoas autoconfiantes têm uma certa maneira de se apresentar. Observe-as e tente emulá-las."*
> Anil Kumar Sinha

Se você tem talento para imitar os outros, isso pode ser exatamente a chave para o seu sucesso. Observando e aprendendo com pessoas consideradas bem-sucedidas, você pode vencer com mais facilidade a curva de aprendizado e alcançar facilmente os seus objetivos.

A programação neurolinguística (PNL) trabalha com a ideia de que você pode alcançar rapidamente um objetivo replicando os comportamentos e os padrões de pensamento de pessoas que já estão fazendo isso com sucesso. O termo técnico é "modelar", o que fundamentalmente significa copiar ou recriar o que os outros já estão fazendo bem — seja no trabalho, na escola ou nos esportes.

Quaisquer que sejam seus objetivos, é provável que haja alguém em quem pode se inspirar. O bom dessa técnica é que você pode usá-la para qualquer coisa. Pode ser para perder peso, ser promovido no trabalho, tornar-se um palestrante de sucesso, aprender a passar em provas de concurso ou manter um relacionamento afetivo por muito tempo. Isso se faz por meio de observar, entender e depois copiar os comportamentos, ações, modo de pensar e estilo de comunicação da pessoa.

Essa técnica envolve compreender que nossos pensamentos e ações têm uma parte consciente e uma parte inconsciente. O segredo para o sucesso é fazer com que ambas sejam conscientemente e inconscientemente competentes em todos os aspectos de uma tarefa ou processo para compreender que o sucesso depende tanto da sua comunicação verbal e não-verbal com você mesmo e com outras pessoas, assim como das coisas que escolhe fazer. Não basta copiar um grande remador, carpinteiro, contador ou professor se, por dentro, você insiste em dizer a si mesmo que nunca terá tanto sucesso quanto eles.

Imitar os outros não é suficiente, mas apenas uma das etapas no caminho para o seu próprio sucesso. É também uma técnica poderosa para ter em seu arsenal.

E, de qualquer maneira, você precisa permitir que a sua própria individualidade, suas experiências e sonhos brilhem para conseguir superar as pessoas que está imitando.

> Observando e aprendendo com pessoas bem-sucedidas, você pode vencer com mais facilidade a curva de aprendizado e alcançar facilmente os seus objetivos.

ENTRE EM AÇÃO

Observando o sucesso

Decida quem você deseja imitar e tenha clareza sobre o que, exatamente, você quer copiar. Coloque-se no lugar dessa pessoa, perguntando a si mesmo o que ela está realmente fazendo, como está encarando esse desafio e o que a impulsiona ou move. Tenha clareza em sua mente sobre o que o sucesso significa e como ele é diferente da normalidade.

Você consegue responder "o quê" e "como" ao passar algum tempo com a pessoa que está imitando, observando o que ela faz e como faz. Nem sempre é possível ou mesmo necessário se conectar diretamente com o indivíduo, mas, se tiver essa oportunidade, faça perguntas como as seguintes:

- "Antes de começar, como você planeja o que vai fazer?";
- "O que você sempre faz toda vez que entra em ação?";
- "Quais foram as dificuldades que enfrentou antes de ter mais sucesso?";
- "Do que devo me lembrar e o que fazer para ser como você?";
- "O que você faz de diferente dos outros?".

A parte mais desafiadora é entender a mentalidade intrínseca, a motivação, a postura e o estilo de comunicação da pessoa. Você pode aprender isso a partir da observação e conversando com ela, mas também pode inferir conclusões a partir do que observa — por exemplo, pode perceber que ela não se deixa afetar por ataques e é persistente, reflete bastante antes de começar a trabalhar com uma tarefa ou sempre pede feedback a outras pessoas.

A partir de observações como essas, você pode começar a construir uma noção da mentalidade dessa pessoa que vai ajudar a decidir quais comportamentos são essenciais replicar se você pretende se inspirar em seu sucesso.

Replicando o que você observa
Uma vez que você entende como outra pessoa está alcançando o sucesso, o seu desafio é replicar essas ações e comportamentos. Como fará isso vai depender muito do que você está tentando alcançar. Copiar as ações visíveis pode não ser tão difícil — e, na pior das hipóteses, pode precisar de tempo e dos benefícios da tentativa e erro. O maior desafio é adotar a mentalidade ideal e o pensamento intrínseco — dispensar pensamentos negativos e desnecessários que podem impedir o seu crescimento.

43

TENHA CORAGEM DE FRACASSAR

> *"É impossível viver sem fracassar em alguma coisa, a menos que você viva de maneira tão cautelosa que, na prática, talvez nem tenha vivido. Nesse caso, você fracassou antes mesmo de começar."*
> J. K. Rowling

Quando foi a última vez que você fracassou em alguma coisa? Ou, talvez mais especificamente, quando foi a última vez que se recusou a fazer alguma coisa por medo de fracassar? Preocupar-se com o fracasso provavelmente é a principal razão pela qual nós não realizamos mais dos nossos sonhos. Estou cansado de fazer processos de coaching em pessoas que têm medo de tentar fazer mudanças em suas vidas. Eu frequentemente pergunto qual é a pior coisa que pode acontecer ao mudarem de carreira, deixar um relacionamento tóxico para trás ou fazer qualquer mudança que tenham em mente. E as respostas raramente justificam as recusas.

Tome cuidado para não viver uma parte grande da vida somente em sua cabeça. Com muita frequência, o nosso medo de fracassar costuma exceder, e muito, qualquer realidade possível.

Uma das principais preocupações que pode paralisar até mesmo a pessoa mais ambiciosa é a perda de respeito. Ficamos tão preocupados com o que os outros podem pensar que evitamos perseguir nossos sonhos. Aqui está algo que talvez o surpreenda: as pessoas passam muito menos tempo pensando a seu respeito do que você imagina. Aprenda a se sentir confortável com suas escolhas e não permita que o burburinho, real ou imaginário, das outras pessoas o impeça de fazer o que precisa ser feito.

Reconheça os momentos em que é hora de ir em frente. Pense no quanto o objetivo em questão é importante para o rumo da sua vida. Decida o quanto o sucesso é essencial em relação ao risco de não tê-lo.

Há um grupo de personalidades bem conhecidas que disse que é melhor tentar e fracassar do que nunca tentar. Você nunca vai ter sucesso se não tentar. Quando fizer uma retrospectiva da sua vida, vai se arrepender mais das oportunidades que não aproveitou do que daquelas que aproveitou.

> Tome cuidado para não viver uma parte grande demais da vida somente em sua cabeça.

ENTRE EM AÇÃO

Pratique a tática de assumir riscos calculados
Você sempre pode encontrar uma razão para não fazer alguma coisa. Os riscos estão por toda parte e qualquer coisa que fizer pode resultar em fracasso. Você provavelmente conhece alguém que evita fazer coisas que parecem fáceis, como viajar de avião por medo de um acidente aéreo ou falar em público por medo de ser ridicularizado. Cada um de nós tem um limite interno para o risco.

Para conquistar coisas novas e mudar aspectos da sua vida, você vai precisar estender seus níveis de tolerância e assumir mais riscos calculados — riscos que você pode ter evitado anteriormente ou riscos que são novidade conforme trilha caminhos inexplorados. É hora de agir contra suas barreiras e padrões internos.

Procure modelos para se inspirar e pessoas experientes
Faça uma lista de pessoas que superaram obstáculos e medos e tiveram sucesso. Essas pessoas serão os seus "mentores de coragem", e você deve recorrer a elas sempre que precisar. Elas podem ajudar a observar as opções com as quais se depara e auxiliar a explorar os prós e contras. Elas vão fazer você se sentir confiante para assumir riscos novos e necessários. Talvez você fracasse e precise tentar de novo de outra maneira. Esse é o preço a pagar na estrada para o sucesso.

44

ACEITE-SE

> *"Ame-se, aceite-se, perdoe-se... E seja bom consigo mesmo, porque, sem você, nós ficaremos sem uma fonte de muitas coisas incríveis."*
> Leo F. Buscaglia

Se algum dia você já disse "Eu me odeio!", saiba que não é o único. Aparentemente, passamos parte das nossas vidas sentindo pena e raiva de nós mesmos por coisas que poderíamos ter feito ou não, e por coisas que poderíamos ter dito ou não.

A vida moderna não facilita nem um pouco. É fácil demais se comparar a outras pessoas que parecem estar vivendo um sonho:

- Nos sentimos mal por causa do nosso peso e corpo, graças a toda a beleza e anúncios relacionados a boa saúde, artigos em revistas e fotos de "pessoas ideais";
- Problemas de relacionamento afetivo ou qualquer outro são intensificados de maneira desproporcional pela disponibilidade de todo tipo de conselhos e sugestões;
- Postagens em redes sociais fazem com que as vidas das outras pessoas pareçam muito melhores do que as nossas, o que aumenta a ansiedade e a infelicidade.

Há uma boa dose de verdade na ideia de que a ignorância é uma bênção. Na semana passada, estava orientando alguém que, por meio de ofertas de emprego na Internet e comparações de salários, percebeu que recebia uma remuneração abaixo da média pelo seu trabalho. Ele estava furioso consigo mesmo por ter passado cinco anos em seu cargo aceitando aquele pagamento. Tive de lembrá-lo de que ele gostava muito do seu emprego, que não teve dificuldades financeiras e que agora poderia buscar oportunidades melhores, se quisesse. Pare de se comparar a outras pessoas e você pode se dar conta de que tudo está bem.

Infelizmente, aquilo que você sente em relação a si mesmo afeta as pessoas à sua volta. Nós temos a tendência de projetar ou transferir o que sentimos negativamente para as outras pessoas. Isso se manifesta na maneira de comportamentos de inveja, cinismo, irritação ou desamor — características que você não vai ver sendo demonstradas por indivíduos de sucesso.

> Pare de se comparar com as outras pessoas e você pode se dar conta de que tudo está bem.

ENTRE EM AÇÃO

Aceite a sua singularidade

Você é uma pessoa única e jamais deveria tentar ser uma cópia exata de outra. Pare de se preocupar se você não cabe em uma caixinha. Assim como todo mundo, você é uma mistura de pontos fortes e fracos. Por isso, pare de se martirizar pelo que está "errado" com você. Em vez disso, comece a demonstrar gratidão pelo que tem e o que é.

Tente evitar esse hábito de comparação. Você nunca vai ficar feliz consigo mesmo enquanto estiver se comparando aos outros. Sempre haverá alguém que parece ser mais rico, mais feliz, mais saudável, mais bonito ou vivendo um relacionamento mais perfeito.

Irradie positividade

Você tem dias ruins; todos nós temos. Quem nunca deixou a porta da geladeira aberta, se esqueceu de colocar gasolina no carro, escorregou na esteira rolante do supermercado ou esqueceu a bolsa no táxi?

Independentemente do quanto você esteja se sentindo mal em relação a si mesmo, não projete isso nas outras pessoas. Claro, conte a elas como está se sentindo e sobre suas preocupações, espaireça a sua raiva e frustração, mas não magoe nem ofenda aqueles que estão ao seu redor. Não seja ríspido, agressivo ou frio. Quando você projeta positividade, seus próprios sentimentos negativos perdem força. E a negatividade diminui. Deixe seus sentimentos ruins arrefecerem e vai perceber que está começando a aceitar o que aconteceu. Isso é aceitar e amar verdadeiramente a si mesmo.

45

OBSERVE E ADMINISTRE SEUS PENSAMENTOS

> "Assim como um único passo não forma uma trilha na terra, um único pensamento não cria um caminho na mente. Para criar uma trilha física profunda, nós andamos por ela várias e várias vezes. Para criar um caminho mental profundo, precisamos repetir várias e várias vezes os tipos de pensamentos que gostaríamos que dominassem nossas vidas."
> *Henry David Thoreau*

Independentemente de pensar que é uma pessoa bem-sucedida ou não, você estará igualmente correto. Aquilo que pensa tem um impacto profundo em sua vida. Em um capítulo anterior sugeri a você usar técnicas de mindfulness com o objetivo de acalmar seus pensamentos. Pensamentos têm o hábito de aparecer do nada e pegá-lo desprevenido. E, inevitavelmente, um pensamento leva a outro.

As coisas são particularmente assim com pensamentos que contêm ansiedade e medo. Vamos a um exemplo simples: imagine que está mudando de emprego e começa a pensar em como os seus novos colegas de trabalho vão reagir à sua presença, se vão gostar de você ou não. Você começa a pensar no que vai dizer a eles. Em seguida, pensa no que vai vestir quando estiver conversando com eles pela primeira vez. Você se desgasta com os pensamentos por antecipação de modo que, quando finalmente os conhece, a ansiedade é tão grande que sente dificuldade de agir da maneira normal e tranquila que lhe é peculiar. Resultado: seus novos colegas acham você uma pessoa meio fria e reservada. De algum modo, seus pensamentos ajudaram a criar exatamente o que temia em primeiro lugar.

Seus pensamentos são literalmente capazes de alterar a sua realidade. Eles podem agir como impulsionadores, conduzindo você em direções diferentes. Sua mente é tão poderosa que pode moldar seu comportamento em diferentes estados e condições. Pense que você está feliz, triste ou que é autoconfiante; ou pense que gosta de uma certa pessoa. Provavelmente você vai começar a se sentir mais feliz, mais triste, mais confiante e que você realmente gosta daquela pessoa em particular.

> Independentemente de pensar que é uma pessoa bem-sucedida ou não, você estará igualmente correto.

ENTRE EM AÇÃO

Pense de forma positiva conscientemente
Dado o impacto e a influência dos pensamentos que passam pela sua cabeça todos os dias, é razoável supor que você precise criar e se concentrar em pensamentos positivos e/ou úteis, e também em ideias que vão ajudar a ter sucesso.

Isso envolve ser mais consciente dos pensamentos que vêm até você. Se o que está pensando não estiver claro, reserve um momento para se perguntar: "O que realmente estou pensando?". "Esses pensamentos são úteis e importantes?".

Quando tiver pensamentos negativos — centrados em preocupações, ansiedades e medos — reconheça-os e aprenda com eles. Pergunte a si mesmo por que sua mente está preocupada com aquilo em que está concentrada. Às vezes, esses pensamentos precisam ser enfrentados, mas frequentemente são apenas ruídos que seu ego gera e joga sobre você — pensamentos que você sabe que não representam o que realmente sente. Em momentos como este, diga a si mesmo coisas como "Sim, eu entendo meus medos, mas fico feliz em poder seguir em frente com minhas próprias ideias".

Quando tentar se afastar de pensamentos negativos, é bem útil criar pensamentos positivos para preencher o espaço que eles deixaram. Pensamentos positivos podem se tornar mantras que você repete para si mesmo, encobrindo o ruído de todos aqueles outros pensamentos que estão presentes. Por exemplo, quando tiver de enfrentar uma discussão difícil com o seu chefe, professor ou futuro sogro ou sogra, concentre o seu pensamento em como gostaria que a conversa fluísse, no que você gostaria de conquistar.

46

LEMBRE-SE DAS PESSOAS

> *"Você consegue fazer mais amigos em dois meses desenvolvendo seu interesse por outras pessoas do que em dois anos tentando fazer com que elas se interessem por você."*
> Dale Carnegie

Você tem uma boa capacidade para se lembrar de detalhes e de fatos em relação às pessoas? Políticos como George Osborne e Bill Clinton são renomados por sua capacidade de se lembrar de detalhes ínfimos, mesmo passados muitos anos.

É surpreendente e encantador quando alguém com quem não conversa há muito tempo mostra que se lembra de você. Pode parecer insignificante, mas, se você se lembrar das pessoas, elas vão se lembrar de você, e isso é essencial se quiser ter sucesso na vida.

Certo, há algumas pessoas que são abençoadas com memórias fotográficas, mas o restante de nós pode fazer isso também, com um pouco mais de trabalho. Use uma caderneta e anote os nomes e alguns detalhes pessoais de todas as pessoas que você conhece. Se for a uma festa ou reunião de trabalho e souber quem vai estar lá, é possível refrescar rapidamente a sua memória antes de chegar.

Hoje, com as redes sociais, você pode se conectar com muitas pessoas. É possível ter milhares de conexões no Facebook ou no LinkedIn, mas quantos desses indivíduos você realmente conhece? O psicólogo Robin Dunbar sugere que 150 pessoas é o número máximo que os seres humanos são capazes de ter confortavelmente como amigos. Para o restante, esteja com a sua caderneta a postos.

> Se você se lembrar das pessoas, elas vão se lembrar de você.

ENTRE EM AÇÃO

Escute mais
Sua tarefa de hoje é passar a sua próxima conversa apenas escutando. Isso não significa não dizer nada; significa que a sua função na conversa é fazer perguntas e estimular a outra pessoa a compartilhar coisas sobre ela mesma. Encontre as coisas que realmente importam para ela. Você vai aprender muito mais sobre os outros quando tentar fazer isso, e provavelmente vai descobrir algo sobre você mesmo também.

Mantendo contato
Em relação àquela caderneta que você começou a usar, é preciso fazer algo com ela ao final de cada dia para que seja realmente útil. Crie uma espécie de diretório ou banco de dados para os seus contatos e para os detalhes importantes que você quer lembrar sobre eles, mesmo se forem apenas coisas simples como os nomes dos seus filhos, suas datas de aniversário, e assim por diante. Com os contatos de trabalho, você pode colecionar os cartões de visita e fazer anotações no próprio cartão. Frequentemente, é possível ter uma noção de quando você vai encontrar essas pessoas de novo, como na festa anual de um amigo, por exemplo. Assim, tenha a certeza de analisar o seu banco de dados com antecedência.

47

DESCUBRA O QUE EMPOLGA VOCÊ

> *"Estou empolgado! O que empolga você? Porque você não vai à aula apenas por ir à aula ou para ouvir alguém ensinar alguma coisa."*
> Eric Thomas

Muito do nosso comportamento é impulsionado pela necessidade de provar alguma coisa, algo que geralmente remonta à época em que éramos jovens. A necessidade pode estar escondida, mas está logo ali, abaixo da superfície.

As necessidades parecem se originar de algumas maneiras previsíveis:
- Filhos únicos ou irmãos mais velhos normalmente têm uma forte necessidade de se destacar, de vencer a todo custo e de serem o centro das atenções;
- Irmãos mais novos precisam de mais sinais de aprovação e apoio dos pais, parecem ser menos ambiciosos e menos dispostos a se afastar demais do ninho;
- Algumas crianças são pressionadas por seus pais e professores a buscar a perfeição, sem nunca pararem para descansar;
- Outras pessoas podem ter passado a infância em situação de pobreza, em que presentes e abundância eram raridades, e o dinheiro tinha de ser gasto com cuidado.

Você pode ter visto pessoas tão ocupadas com suas tentativas de vencer a qualquer custo que se tornam frias e guiadas pelo dinheiro, ou pessoas que fazem questão de se mostrar como as "pobres coitadas", vítimas que preferem continuar em um relacionamento nocivo ou em um emprego que odeiam em vez de assumir um risco e seguir em frente.

Quais experiências de infância transformaram você na pessoa que é hoje? Essa não é uma pergunta fácil de responder, mas é importante pensar a respeito. Necessidades da infância podem facilmente consumir seu verdadeiro "eu", sem deixar nenhum espaço para que você se desenvolva e se transforme na sua melhor versão.

> Dê a si mesmo o espaço necessário para desenvolver sua melhor versão.

ENTRE EM AÇÃO

O que realmente empolga você?
É hora de parar o que está fazendo e admitir por que você é do jeito que é. Pense no que o tornou uma pessoa ambiciosa ou relaxada. Tem a ver com a sua posição na família — seu irmão mais velho, o mais novo ou o do meio — ou você ainda deseja o reconhecimento dos seus pais?

Não importa o que o empolga, desde que esteja com os olhos abertos. Entenda seus padrões de comportamento e as razões por trás deles em vez de culpar seu passado por quem você é hoje.

Afaste-se de impulsos que não contribuem com nada
Se estiver empolgado com a direção para a qual sua vida está indo, ótimo. Entretanto, se não estiver, começando hoje mesmo, explore as verdadeiras causas e prepare-se para mudar aquilo que o empolga. Seu pensamento pode se desenrolar destas maneiras:

- Você atribui o seu perfeccionismo a um pai ou uma mãe muito exigente e, como resultado, sempre trabalhou mais horas do que o estritamente necessário. Agora que tem seus próprios filhos, entretanto, percebe que está repetindo a história e se irritando com seus filhos porque eles fazem as lições de casa às pressas. Não chegou a hora de quebrar o ciclo e parar de exigir a perfeição de si mesmo e das pessoas ao seu redor?
- Você é o tipo de pessoa que nunca diz "não", sempre assumindo mais e mais responsabilidades. Acha que isso pode ter a ver com o fato de ter sido uma criança de múltiplos talentos, desejando sempre agradar aos seus pais. Agora, enquanto começa a sentir a pressão, você se pergunta por quanto tempo vai conseguir manter esse tipo de atitude antes de desmoronar e ficar estafado pela exaustão.

48

VALORIZE O QUE VOCÊ TEM

> *"Seja grato pelo que você tem e pare de reclamar – isso irrita todo mundo, não lhe traz nada de bom e não resolve nenhum problema."*
> *Zig Ziglar*

Ter uma fixação pela próxima grande conquista, seja status ou algum bem material, só vai deixá-lo infeliz e agitado.

O segredo é valorizar aquilo que tem. Você provavelmente vai descobrir que não precisa realmente de outras coisas. Não é bom se dar conta de que já tem tudo de que precisa? Isso não significa que você não deva melhorar sua vida, mas aprenda a ser grato por onde está hoje e pelo que possui. Se não puder ser grato pelo que tem hoje, o que faz você pensar que será grato pelo que terá amanhã?

Não se compare a outras pessoas. Ninguém se importa com as notas escolares dos filhos dos seus vizinhos ou com o tamanho da TV que eles possuem. Competir é como uma corrida armamentista. Você instala acessórios novos em seu carro; outra pessoa compra um carro melhor. É a sua vez de agir, a menos que decida parar de competir — e isso é exatamente o que precisa fazer para quebrar o ciclo.

> Não se compare a outras pessoas.

ENTRE EM AÇÃO

Fique feliz pelas outras pessoas

Uma boa maneira de eliminar a inveja que está na base de toda a mentalidade de que a "grama do vizinho é mais verde" é ficar feliz com o sucesso das outras pessoas. Entre em contato com aquela amiga que acabou de conquistar uma promoção incrível em sua empresa e celebre com ela. Quando você se abre a emoções positivas, todo o seu ser responde positivamente. Tente fazer isso hoje nas redes sociais. Em vez de ignorar ou dar um "like" a contragosto em alguma notícia que um dos seus contatos compartilhou, deixe um comentário parabenizando-os adequadamente de uma maneira genuína e autêntica. Você logo vai sentir os benefícios dessa mudança de atitude voltarem para você.

Encha o seu próprio copo
Recentemente, ouvi alguém dizer que o copo não está nem "meio cheio" e nem "meio vazio", porque sempre é possível enchê-lo novamente. Que maneira maravilhosa de encarar a vida.

Faça uma lista do que você tem, das coisas que conquistou e do que já vivenciou. Concentre-se no líquido que há no seu copo em vez do espaço vazio. E pare de comparar o tamanho do seu copo com o copo dos outros. Para cada pessoa que você conhece que tem mais do que você, há milhões de outras pessoas que têm menos. O mundo está repleto de gente que adora a "grama mais verde" que você tem em casa.

Repasse a sua lista e, quando estiver em paz com aquilo que tem, estará em um bom lugar para planejar o que é importante para você. Não vai se deixar guiar pela inveja, mas sim pelos seus próprios pensamentos positivos para viver a vida em toda a sua plenitude.

49

FAÇA AS PAZES COM SEUS PAIS

> *"Ame os seus pais e trate-os com amor e carinho. Você só terá noção do valor deles quando vir a poltrona vazia onde eles costumavam se sentar."*
> **Autor desconhecido**

É impossível ter uma vida saudável e bem-sucedida se você não estiver em paz com seus pais. Pais levam uma vida difícil. Sim, é verdade que você pode escolher seus amigos, mas não pode escolher seus pais; entretanto, se for pai ou mãe, já terá percebido que não é uma tarefa fácil. Não há regras claras a seguir nem maneira certa de criar seus filhos. Se você não for pai ou mãe, ouça o que eu e outras pessoas ao seu redor temos a dizer. Quando for capaz de valorizar o que seus pais fizeram, talvez consiga se desvencilhar de quaisquer sentimentos negativos que ainda tenha dentro de si.

É realmente saudável aceitar que seus pais o conhecem bem e, com sorte, o amam incondicionalmente, não importa o que você faça ou o tipo de pessoa que seja. Seus pais podem ser seus melhores mentores e conselheiros; eles podem discutir seus problemas, medos, esperanças e preocupações, sempre pensando no seu bem. Pais têm uma capacidade fantástica de perceber certos padrões em sua vida e ajudar a identificar problemas recorrentes que podem ter começado quando você ainda era criança.

Se estiver disposto a fazer as perguntas certas e a escutar, eles podem ajudá-lo a reconhecer esses padrões — no seu relacionamento com as pessoas, com o trabalho ou com o dinheiro, por exemplo.

> Pais podem ter uma capacidade fantástica de perceber certos padrões em sua vida e ajudá-lo a identificar temas recorrentes.

ENTRE EM AÇÃO

Esclareça as situações
Desapegue-se das besteiras em que você acredita e dê um pouco de crédito aos seus pais. E daí se você acha que eles foram rígidos demais ou mentiram em algum momento? Perdoe-os.

Às vezes, para ter um relacionamento bastante significativo com os seus pais, é preciso "tirar tudo a limpo". Hoje é o dia em que você vai conversar com eles sobre aquilo que vem pretendendo conversar há um bom tempo, mas nunca tocou no assunto.

Com os seus pais — na verdade, com qualquer pessoa que esteja próxima a você — é essencial não ficar estressado por pouca coisa nem permitir que os assuntos ganhem uma dimensão desproporcional.

Passe mais tempo com eles
Analise a situação pela perspectiva dos seus pais. Eles gostariam que você fosse visitá-los mais vezes ou que ficasse mais tempo quando estiverem juntos? Eles gostariam de ouvir a sua voz mais vezes? Como me vejo na posição de um pai de filhos mais velhos, percebi que todos nós gostariam de passar mais tempo e receber mais atenção dos filhos. Nunca é o bastante.

Não pergunte aos seus pais "Quanto tempo vocês querem que eu fique?" ou "Quantas vezes por semana devemos conversar?". Em vez disso, pergunte a si mesmo quanto do seu tempo e da sua atenção você se dispõe a dar a eles. Não há regras entalhadas em pedra. Algumas pessoas se sentem bem se conversarem com seus pais todos os dias; outras, apenas uma vez por mês. Talvez uma conversa menos frequente, mas com mais significado e impacto seja melhor do que ligações rápidas simplesmente para perguntar "Como estão as coisas?". Procure encontrar a solução que funciona melhor para você.

50

RIA MAIS

> *"O riso faz você se conectar com as pessoas. É quase impossível manter qualquer tipo de distância ou senso de hierarquia social quando você está gargalhando. O riso é a força da democracia."*
> *John Cleese*

Rir pode salvar a sua vida. Isso parece um pouco dramático, mas estudos sobre os efeitos do riso revelam vários benefícios à saúde, como menor pressão arterial; níveis mais baixos do hormônio cortisol, responsável pelo estresse; liberação de endorfinas da felicidade; e níveis mais altos de um anticorpo importante que combate bactérias e infecções respiratórias. Existe até um estudo que demonstra que rir queima calorias.

O riso também é contagioso. No YouTube, é possível assistir a experimentos feitos no metrô de Londres em que uma pessoa começa a rir descontroladamente, sem parar. Dentro de poucos minutos, todas as pessoas ao redor começam a rir sem saber o motivo pelo qual aquele estranho estava tão feliz. As pessoas são naturalmente atraídas para aqueles que são mais felizes e mais positivos do que os outros.

Em resumo, a questão é a seguinte: rir é bom para você e o torna um indivíduo popular. Pelo bem da sua saúde, ria um pouco.

> Rir é bom para você e o torna um indivíduo popular.

ENTRE EM AÇÃO

A prática leva à perfeição
É aqui que você aprende a rir mais. Se você não sorri o bastante, então comprometa-se a mudar.

- Aprenda a se sentir mais relaxado e a ser positivo com outras pessoas. Sorria quando estiver escutando alguém falando;
- Aja de maneira positiva;
- Procure quebrar a sua rotina diária normal com intervalos divertidos;
- Assista a uma comédia no cinema, leia um livro de piadas ou procure experiências e momentos divertidos;
- É importante que você identifique as coisas que drenam sua felicidade. Para o seu próprio bem, passe menos tempo com pessoas infelizes e deprimentes e não deixe que a energia e a postura delas o entristeça.

Seja positivo, mesmo quando as outras pessoas não são

Seja um pilar de positividade para todos à sua volta. Se alguém estiver deprimido, seja a pessoa que deixa o clima mais leve, rindo ou sorrindo.

Não deixe que as convenções o impeçam de demonstrar sua felicidade. Frequentemente, em situações mais silenciosas ou formais, as pessoas precisam que alguém quebre o gelo para permitir que as outras comecem a relaxar.

51

SEJA (E CONTINUE SENDO) UMA PESSOA ÚNICA

> *"Um aviso: nunca podemos alcançar objetivos que estabelecemos por meio da inveja. Olhar para os seus colegas de trabalho e desejar possuir o que eles têm é desperdício de energia. Como todos nós somos únicos, aquilo que faz uma pessoa feliz pode causar o efeito oposto em você."*
> *Marcus Buckingham*

Não há duas pessoas iguais. Mesmo gêmeos idênticos têm suas próprias personalidades e desejos. Eu adoro as palavras do escritor James Mason que disse: "Você nasceu original; não queira morrer como cópia".

Tentar se encaixar em determinados contextos pode ser necessário, útil e bom. Frequentemente, começamos a praticar isso na escola e em nossas famílias, e levamos isso até a vida adulta. É algo que está em muitos aspectos da nossa vida — agir como os outros em reuniões de trabalho e discussões, vestir-se como os seus amigos, ter opiniões similares às dos seus colegas de trabalho.

Mas é importante se destacar de tempos em tempos também — especialmente se você está se mesclando ao ambiente apenas para evitar ser questionado ou desafiado. Se decidir ser honesto consigo mesmo, vai perceber que há muitos momentos em sua vida em que, parafraseando o músico Sting, é preciso ser você mesmo, não importa o que os outros digam. Pessoas de sucesso fazem isso o tempo todo. O importante é encontrar o equilíbrio entre a conformidade e saber se abrir em relação a suas ambições, características de personalidade e pontos fortes únicos.

> É preciso ser você mesmo, não importa o que os outros digam.

ENTRE EM AÇÃO

Quais são suas características únicas?
Se eu fosse o seu coach, poderia passar algum tempo observando você e as pessoas com quem convive, socializa e trabalha. O que acha que eu iria observar? Que combinação de ambições, desejos, experiências, formação e características de personalidade compõem quem você é? Faça uma lista e acrescente duas colunas. Assinale uma delas se realmente vivencia uma determinada característica e a outra se você mantém essa característica escondida. O que está escondendo?

- Você adora animais, mas esconde essa característica porque seus pais detestam ter animais de estimação em casa?
- Você quer morar no campo, em meio à natureza, mas mora nos subúrbios porque é mais conveniente para ir ao trabalho?
- Você quer viajar para partes selvagens e intocadas do mundo, mas sempre acompanha os amigos em pacotes de viagem?

Olhe para a sua lista e pergunte a si mesmo: de que maneiras eu não estou sendo sincero comigo mesmo? O que preciso parar de fazer e quem eu preciso parar de copiar?

Pare de perseguir a singularidade dos outros
Por que perseguir os sonhos de outras pessoas? O que há de errado com os seus próprios sonhos? Todos nós temos um conjunto único de necessidades, desejos e ambições, mas ficamos presos nos sonhos de outras pessoas em relação a como devemos viver.

Hora da revelação: não importa se você deixar passar as aspirações e conquistas das outras pessoas. Invista seu tempo e energia para buscar e conquistar os seus desejos.

52

DURMA BEM

> *"Sua vida é um reflexo de como você dorme, e o jeito que você dorme é um reflexo da sua vida."*
> Rafael Pelayo

De acordo com a Fundação Nacional do Sono, nós somos os únicos mamíferos que atrasam o momento de dormir propositalmente. Se você fosse um golfinho ou um leão, por exemplo, simplesmente adormeceria quando estivesse cansado. No entanto, os seres humanos decidem ou preferem passar noites em claro, seja lendo, trabalhando, estudando, jogando — fazendo qualquer outra coisa ao invés de dormir.

A privação de sono não é uma coisa boa e pode causar todo tipo de problema. Seu raciocínio fica mais lento, o nível de concentração diminui, você se sente mais rabugento e mal-humorado, além de agir de maneira negativa. A falta de sono por períodos longos pode ser incrivelmente nociva à saúde, pois enfraquece o sistema imune, leva ao desenvolvimento de problemas cardíacos, acaba com o seu desejo sexual e aumenta o risco de diabetes.

E não pense que o hábito de dormir até mais tarde no fim de semana ajuda a compensar o sono perdido. Muitas pesquisam já comprovaram que a letargia típica das manhã de segunda-feira é apenas o seu corpo tentando lidar com uma espécie mais branda de *jet lag* — seu organismo tem de se acostumar subitamente a um ritmo de sono diferente depois de passar um fim de semana preguiçoso na cama.

Assim, se compensar as horas perdidas de sono no fim de semana não funciona, o que você pode fazer?

> A privação de sono pode causar todo tipo de problema.

ENTRE EM AÇÃO

Não leve suas preocupações para a cama
Deixar para resolver um problema no dia seguinte não significa pensar nele até o momento em que você adormece. Significa que vai voltar a se ocupar com ele amanhã, quando estiver com a energia renovada e mais concentrado. Levar seus e-mails, preocupações e até mesmo reuniões on-line para o quarto certamente lhe dará uma noite mal dormida.

Sua missão hoje será se desligar completamente do trabalho e dos problemas familiares pelo menos uma hora antes de ir dormir. Leia um livro, ouça música, faça alguns exercícios de alongamento ou sente-se na sacada para observar o céu, se quiser.

Quando estiver dormindo, continue dormindo
Uma boa noite de sono garante que você vai estar completamente alerta e energizado para enfrentar o dia seguinte. Tenha a certeza de que o seu celular está no modo silencioso e faça tudo o que puder para minimizar o ruído do trânsito e as luzes — compre cortinas com efeito blackout, feche as janelas e até mesmo mude de quarto, se precisar.

Na manhã seguinte, permita-se algum tempo para acordar. Ajuste o despertador para tocar alguns minutos antes do horário habitual e use esse tempo extra para fazer alongamentos, beber água e despertar lentamente.

53

SIGA SEU PRÓPRIO CAMINHO

> *"Se formos discretos e estivermos suficientemente preparados, podemos encontrar uma compensação em cada decepção."*
> *Henry David Thoreau*

Decepcionar pessoas é algo que faz parte de encontrar o seu próprio caminho. Sempre haverá pessoas bem-intencionadas em sua vida, que ficarão felizes em lhe dar conselhos e criar expectativas sobre como deve ser, agir e o que deve fazer:

- "Você deve estudar naquele lugar, pois eles têm o melhor curso para o que pretende fazer";
- "Não compre uma casa naquela parte da cidade";
- "Não faça essa bobagem de pedir demissão agora; seu futuro na carreira é bom demais".

Às vezes, aceitar conselhos de outros indivíduos faz sentido, mas com bastante frequência essas orientações, mesmo com as melhores intenções, são baseadas nas experiências e nas aspirações das outras pessoas e não em uma compreensão clara das suas. Não se surpreenda se o melhor caminho para seguir em frente for ir contra os conselhos alheios, mesmo que eles venham de pessoas próximas a você.

> Ser sincero e autêntico consigo mesmo sempre vai acabar decepcionando alguém.

Ignorar conselhos pode ofender as pessoas, mas a verdade é que ser sincero e autêntico consigo mesmo sempre vai acabar decepcionando alguém. As pessoas que realmente amam e se importam com você não ficarão decepcionadas por muito tempo. Converse com elas e estimule-as para que compreendam e aceitem suas decisões e escolhas. Considere as palavras do autor infantil Dr. Seuss: "Seja quem você é e diga o que sente, porque as pessoas que se importam com isso não têm importância, e aquelas que têm importância não se importam".

ENTRE EM AÇÃO

Culpa: supere-a
Sentir culpa por fazer o contrário do que alguém próximo sugeriu é natural. A maioria de nós gosta de agradar às pessoas e pode ser difícil manter uma postura firme quando um parente muito insistente diz para você escolher "A" quando quer escolher "B". Reconheça o sentimento de culpa. Se for o caso, converse com a pessoa que você imagina ter decepcionado. Explique por que tomou a decisão em questão.

Quando decepcionar alguém, reflita sobre o que pode aprender com a situação. Na maioria das vezes, a sua percepção está errada ou é exagerada; a outra parte pode não estar tão decepcionada quanto você acha, ou pode até ficar contente por ter decidido pensar com a própria cabeça e escolhido seu próprio caminho.

Se, no fim das contas, o conselho da outra pessoa se mostrar uma rota melhor a seguir, não se deixe abalar por isso. Esteja pronto para ouvir as pessoas dizendo "Eu avisei". Todos nós cometemos erros. Aprenda com o que aconteceu e siga em frente.

Algumas pessoas são impossíveis de agradar
Nunca será possível agradar a todas as pessoas na sua vida. Não importa o que você faça, elas podem agir como se você as tivesse decepcionado. A única coisa a se fazer é aprender a conviver junto delas. Se isso se tornar insuportável, afaste-se, passe menos tempo na companhia dessas pessoas e pare de compartilhar seus planos, sonhos e intenções com elas.

54

BUSQUE A SIMPLICIDADE

> *"Qualquer tolo inteligente pode fazer com que as coisas fiquem maiores, mais complexas e mais violentas. É preciso um toque de gênio e muita coragem para seguir na direção oposta."*
> Henry David Thoreau

Vivemos em um mundo onde estarmos constantemente ocupados e indo de um lugar para outro é uma regra, e onde sempre se espera que tenhamos ideias, argumentos e opiniões sobre tudo. Nossas mentes nos fazem pensar que a vida precisa ser mais complicada do que realmente é. Confúcio definiu muito bem essa questão: a vida é simples, mas nós insistimos em complicá-la.

Pode ser um pouco constrangedor não estarmos ocupados ou não sentir uma compulsão em acompanhar tudo que está acontecendo. Assim, as pessoas preenchem seus dias com coisas a fazer e metas a cumprir — criando tarefas e complexidades para preencher as lacunas. Poucas pessoas, quando perguntamos se estão ocupadas no trabalho, responderiam: "Não, não estou fazendo nada".

Ao mesmo tempo, nós passamos um ano planejando férias de verão para fazer pouca coisa e nos livrar de preocupação e pensamentos ruins. É uma pena guardarmos a simplicidade apenas para aquelas duas semanas de férias no ano.

A simplicidade é a escolha inteligente das pessoas de sucesso, mas não é uma escolha fácil. É preciso coragem para encontrar soluções diretas e descomplicadas e para racionalizar seu tempo, seus compromissos e a sua vida.

> A simplicidade é a escolha inteligente das pessoas de sucesso.

ENTRE EM AÇÃO

Simplifique os seus compromissos
"Fazer as coisas do jeito simples" é um excelente conselho. Não importa o que você estiver fazendo ou dizendo, pergunte a si mesmo: "Estou fazendo isso da maneira mais simples e direta possível? Isso está acontecendo da maneira mais clara, honesta e indo diretamente ao ponto"?

A maneira mais fácil de simplificar conversas, promessas e compromissos com outras pessoas é ser 100% honesto e prometer apenas aquilo que você vai realmente fazer. Essa técnica simples erradica instantaneamente promessas quebradas, atrasos, mal-entendidos e discussões.

Descomplique a sua vida
Pense duas vezes antes de adquirir algo novo e, quando comprar alguma coisa, desfaça-se de outra. Tente se desapegar pouco a pouco. Comece com um cômodo de cada vez. Tente criar um espaço que vai permanecer vazio. Gavetas que não estejam cheias de papeis e prateleiras que não estejam abarrotadas de bugigangas.

55

FAÇA HOJE

> *"A vida se equilibra em uma linha muito tênue, e o câncer do tempo é a complacência. Se você vai fazer alguma coisa, faça agora. Amanhã já é tarde demais."*
> *Pete Goss*

Atrasos e procrastinação são os assassinos mais comuns do sucesso — se você sente alegria ao fracassar em qualquer coisa na sua vida, comece evitando fazer aquilo que precisa ser feito.

Muitos dos líderes que oriento sofrem de procrastinação, por isso passamos um bom tempo explorando questões relacionadas, do tipo "Por que não começar agora?" e "Se você não fizer agora, qual será o preço a pagar?". A pergunta sobre o preço de não começar agora é fundamental. Se você não passar um pouco do seu tempo em uma tarefa importante, pode ter que escalar uma montanha enorme quando decidir começar. E, nesse momento, você provavelmente vai ter outras coisas novas e urgentes com que se ocupar. Isso pode se aplicar igualmente à sua casa, à escola, à sua vida social e também ao trabalho.

- Adiar uma conversa importante pode destruir relacionamentos. Você está evitando pedir desculpas por um erro que cometeu?
- Não começar uma rotina de exercícios ou dieta hoje pode parecer uma decisão com impacto zero. Mas e se você continuar adiando essa decisão para amanhã ou depois?

O autor e apresentador Christopher Parker definiu a questão muito bem quando disse que a procrastinação é como um cartão de crédito: é algo bem divertido, mas a fatura sempre chega.

> Se você sente alegria ao fracassar em qualquer coisa na sua vida, comece evitando hoje aquilo que precisa ser feito.

ENTRE EM AÇÃO

Seja honesto consigo mesmo
Descubra o que está impedindo de você fazer alguma coisa:
- É preguiça sua ou tem o hábito de fazer as coisas no último minuto?
- Você sente que a tarefa não é importante e não consegue se motivar para começar?
- Não sabe como completar a tarefa ou o que fazer primeiro?
- Você tem medo de fracassar e do constrangimento que viria a seguir?

Comece aos poucos:
- Hoje mesmo, force-se a começar alguma coisa que você está adiando há algum tempo;
- Fracione a tarefa em pequenas partes para que pareça mais fácil completá-la;
- Decida quantas partes você pode concluir hoje;
- Defina um objetivo para amanhã e para o dia seguinte;
- Comece.

Se estiver em dúvida...
Qualquer que seja sua razão para procrastinar, pergunte a si mesmo o que é pior:
- Lidar com o desconforto, a ansiedade e o estresse momentâneos e começar de uma vez por todas?
- Lidar com as consequências do atraso para fazer alguma coisa, incluindo o impacto na sua reputação, credibilidade e confiabilidade — além do impacto nos outros que estão esperando que você faça alguma coisa?

Em outras palavras, vale realmente a pena adiar para amanhã o que você pode fazer hoje? Se estiver em dúvida, comece agora.

56

PREFIRA TER EXPERIÊNCIAS EM VEZ DE COISAS

> "Compre experiências, não coisas. Gastar dinheiro com experiências deixa as pessoas mais felizes do que gastar com coisas. As coisas se quebram e saem de moda. Experiências ficam melhores cada vez que você fala sobre elas."
> Jean Chatzky

Do que você se lembra melhor: da sua viagem de férias favorita ou de quando comprou o seu aparelho mais valioso? Provavelmente as lembranças da sua viagem são mais intensas. Uma pesquisa feita por Thomas Gilovich, da Universidade de Cornell, mostra claramente que as experiências trazem consigo uma felicidade e sensação de plenitude mais duradouras do que os bens materiais.

Viajar, visitar um museu ou fazer um curso podem ter um efeito poderoso na sua satisfação com a vida, na noção de realização, no bem-estar e na sabedoria. Surpreendentemente, até mesmo experiências que dão errado criam memórias e sentimentos positivos — pode ser aquela ocasião em que sua bagagem se extraviou na Grécia, quando você teve dor de barriga na França ou quando se decepcionou ao assistir um musical no teatro. Todas essas lembranças ficam conosco e vivem para sempre.

Comprar coisas nos dá uma sensação agradável pela comparação. Mas quando algo que você comprou não funciona ou quebra, quem, honestamente, demonstra sentimentos positivos? Pior ainda, as coisas acabam ficando obsoletas e, depois de algumas semanas ou meses, haverá uma marca ou um estilo melhor no mercado.

> Experiências trazem consigo uma felicidade e sensação de plenitude mais duradouras.

ENTRE EM AÇÃO

Procure experiências amplas
Há dois tipos de experiências:
- Aquelas das quais você participa, como fazer trabalhos beneficentes, esportes, alguma forma de arte plástica ou dramática, caminhadas ou fazer cursos de culinária ou de redação;
- Aquelas a que você assiste e aprecia o que vê, como ir ao teatro ou visitar um local historicamente importante ou um museu.

Tente vivenciar os dois tipos quando puder. Não deixe que o dinheiro o impeça de buscar experiências em qualquer momento da sua vida. Lembre-se de que muitos museus e exposições são gratuitos, assim como simplesmente caminhar por novas cidades ou pelo campo.

Em suas próximas férias, que tal construir algo realmente gratificante, como fazer um trabalho beneficente ou estudar um novo idioma?

Deixe a sua câmera de lado
Use a sua câmera digital para capturar brevemente aquilo que você está vivenciando, mas não fique observando o mundo o tempo todo pela lente. Se você estiver sentado na colina ao lado da Acrópole, aproveite para simplesmente ficar sentado lá. Vivencie a experiência ao vivo. Fotos ajudam a reviver o passado e é divertido compartilhá-las, mas vivenciar o momento é o que o grava na sua memória e você não consegue isso por meio de uma foto. Tire algumas fotos e, em seguida, guarde a câmera.

57

TENHA OBJETIVOS CLARAMENTE DEFINIDOS

> *"Se você tem um objetivo, coloque-o no papel. Se não o colocar no papel, você não tem um objetivo – somente um desejo."*
> Steve Maraboli

Aquele sonho aparentemente impossível pode se tornar realidade com a ajuda de um objetivo definido claramente por escrito. Em 1961, o presidente dos Estados Unidos, John F. Kennedy, expressou o desejo de levar o homem à Lua antes do fim da década. E esse se tornou o objetivo escrito e o alvo da NASA; o resto é história. Em julho de 1969, apenas cinco meses antes daquela data limite do "fim da década", Neil Armstrong colocou os pés na Lua com segurança.

Quando foi a última vez que você analisou e colocou no papel os seus objetivos e planos, transformando o seu próprio sonho de "viagem à Lua" em uma ação realizável? Ter seus objetivos definidos por escrito aumenta muito a possibilidade de realizá-los. Vários estudos confirmam isso, incluindo uma pesquisa da Universidade Dominicana da Califórnia, que mostra um aumento de 42% na taxa de sucesso quando os objetivos estão definidos por escrito.

Não basta simplesmente escrever seu sonho no papel e dizer que isso é um objetivo. Detalhá-lo pode ajudar de várias maneiras:
- Isso força você a ser mais claro sobre o que quer alcançar;
- Faz com que seus objetivos sejam memoráveis;
- Significa que você é capaz de produzir planos de ação que vão motivá-lo a trabalhar para realizar seu sonho.

Declarar por escrito que você quer se qualificar como contabilista em dezoito meses, passar em todos os seus exames na primeira tentativa e assumir um cargo na controladoria de finanças da sua empresa em três anos, por exemplo, é muito mais útil do que simplesmente dizer que você adoraria trabalhar como gerente financeiro algum dia.

> Aquele sonho aparentemente impossível pode se tornar realidade com a ajuda de um objetivo definido claramente por escrito.

ENTRE EM AÇÃO

Faça um registro dos seus objetivos
O empresário e autor Sir Richard Branson é um grande fã de declarar objetivos por escrito. Em uma postagem sobre as resoluções de Ano Novo para 2016, ele aconselhou os leitores do seu blog a sempre levarem consigo uma caderneta para anotar ideias e objetivos. Muitos dos sucessos de Richard não teriam acontecido se ele não acreditasse tanto no poder de anotar seus propósitos.

Assim, coloque seus objetivos no papel. Comece hoje mesmo e anote (ou digite) todas coisas que você quer conquistar e fazer. Coloque tudo em um diário, no seu telefone ou em fichas pautadas. Não importa onde faz essas anotações: basta fazer o esforço de registrá-las.

Seus objetivos declarados por escritos podem começar como sonhos do tipo: "Quero morar em uma casa grande", "Quero me aposentar cedo", "Quero continuar sendo saudável". Não há problema. São as primeiras versões. Agora, expanda cada um desses objetivos perguntando a si mesmo o seguinte: esses objetivos são:

- Suficientemente claros e específicos?
- Mensuráveis, de modo que você saiba quando forem alcançados?
- Alcançáveis — e, se não forem, como fazer com que sejam?
- Realistas e relevantes às circunstâncias da sua vida?
- Temporalmente definidos, com uma data limite?

A maioria das pessoas não é tão sistemática na criação de "objetivos inteligentes", um termo atribuído ao coach Sir John Whitmore. Não deve surpreender o fato de que a maioria das pessoas não consegue alcançá-los!

Não se esqueça de manter cópias dos seus objetivos para poder consultá-los mais tarde. Esses registros podem servir como âncora ou bússola. Você sempre pode atualizá-los ou modificá-los, mas antes reflita sobre o que a sua versão mais jovem havia escrito. Você pode ficar surpreso ao perceber que seus objetivos do passado são tão relevantes hoje em dia quanto na época em que os escreveu.

Criar objetivos com outras pessoas, tais como seu marido ou esposa, seus filhos e colegas de trabalho, também é uma boa ideia. Vocês podem anotá-los e discuti-los juntos, ajudando-se mutuamente a planejar como vão realizá-los. Compartilhe os objetivos que você escreveu por si só — e apenas com pessoas em quem confia ou a quem pediria conselhos e apoio em um ambiente de mentoria.

58

CONCENTRE-SE PLENAMENTE NA LEITURA

> *"Quantas vezes a vida me levou a terras inexploradas, e como ficou mais rica — tudo por causa de palavras escritas em uma página. Um livro pode ter 560 páginas, mas é capaz de mudar a vida do leitor depois de apenas três."*
> *Emoke B'Racz*

É difícil imaginar alguém que decide não ler e tenha uma vida genuinamente de sucesso. Ler amplia a sua compreensão e apreciação pela vida e por você mesmo. O escritor Oscar Wilde definiu essa questão muito bem quando disse que aquilo que você lê quando não precisa ler é o que determina quem será quando não puder evitar.

Não importa realmente se lê ficção ou não-ficção. Pode ser bom ler histórias mais longas de vez em quando, mas creio que ler livros curtos, jornais, revistas e blogs seja ótimo. O que importa é você procurar textos que alimentem sua mente e alma, dando-lhe pensamentos inspiradores e engrandecedores, insights e informação. Ler ajuda a enxergar um mundo maior de possibilidades por meio das experiências de outras pessoas, tanto na vida real quanto na ficção. A leitura lhe dá novos pontos de vantagem a partir dos quais você pode observar sua própria vida.

> Ler lhe permite ter uma compreensão maior e mais profunda das coisas.

Ler textos da sua área de estudo ou trabalho permite que tenha diálogos e debates mais ricos com outras pessoas, e ajuda também a mantê-lo atualizado em relação a ideias e pensamentos mais recentes.

Isso, por sua vez, permite que você participe mais plenamente em processos de tomada de decisão e em *brainstorms* criativos.

Em outras palavras, ler lhe permite ter uma compreensão maior e mais profunda das coisas.

ENTRE EM AÇÃO

Vá mais fundo

Evite simplesmente "passar os olhos" apressadamente em um texto. Isso é algo que acontece muito facilmente quando você usa o seu smartphone para visualizar artigos em redes sociais ou páginas de notícias. Em vez disso, permita-se ler uma revista inteira ou um livro. Ler algo em sua inteireza dá tempo à sua mente para absorver e refletir sobre o que você leu.

Personalize sua leitura

Leia coisas que se adequem a seus gostos, interesses e paixões pessoais. Não se deixe dominar pela preguiça e não compre apenas o que está na seção de best-sellers da livraria. Se realmente quer ir além e ter sucesso, prepare-se para trilhar um caminho diferente. Seu desafio para hoje é andar sem rumo por uma livraria, observando quais livros atraem a sua atenção. O autor Haruki Murakami definiu muito bem a questão quando disse que, se você ler somente os livros que todo mundo está lendo, só vai conseguir pensar o que todo mundo está pensando.

Participe de um clube de leitura ou grupo de discussão

Encontre leitores com gostos parecidos e permitam-se explorar os livros juntos. O grupo pode ler os lançamentos mais recentes de ficção ou talvez se concentrar em categorias específicas de não-ficção, tais como natureza, negócios ou astronomia.

Passe da leitura para a escrita

Finalmente, se você sente que tem algo a dizer, então comece a escrever. Transforme suas próprias ideias, histórias ou teorias em postagens de blog, artigos ou um livro. Escreva o livro com o qual você vem sonhando há anos, ou cuja ideia acabou de surgir em sua cabeça enquanto você tomava banho. Entre na onda da autopublicação ou procure uma editora. Talvez você descubra uma realização e, possivelmente, até mesmo a fama como escritor.

NÃO SE DEIXE ABALAR POR ATAQUES

> *"Não leve nada para o lado pessoal. Nada que as outras pessoas fazem é por sua causa. O que os outros dizem e fazem é uma projeção de suas próprias realidades, seus próprios sonhos. Quando você fica imune a opiniões e ações das outras pessoas, não será vítima de sofrimentos desnecessários."*
> Don Miguel Ruiz

Se você é alguém que se ofende facilmente, vai passar por dificuldades na estrada para o sucesso. A questão é: você precisa ter uma certa imunidade a ataques apenas para conseguir vencer o dia, porque, seja por acidente ou de propósito, as pessoas podem ser bem ofensivas. Podem ter esquecido de convidá-lo para uma festa, ser ignorado por um conhecido na rua ou alguém pode dar uma paulada na sua autoestima com uma frase do tipo "Você engordou desde a última vez que conversamos"?

Não é fácil manter a cabeça no lugar em situações como essas, mas, se você levar tudo que for dito e feito para o lado pessoal, pode acabar sem nenhum amigo. A coisa mais importante a ter em mente é que qualquer coisa que as pessoas façam e digam tende a estar mais relacionado a elas mesmas do que a você. A citação acima descreve a situação melhor do que eu jamais poderia: o que dizemos e fazemos na vida é um reflexo de nós mesmos. Nós transferimos nossos próprios sentimentos e crenças para as pessoas ao nosso redor.

Quando alguém está em paz internamente, isso geralmente se projeta em como essa pessoa interage e trata os outros. Essa pessoa frequentemente passa a imagem de alguém que é empático, calmo e compreensivo. Da mesma maneira, quando alguém é irritadiço ou amargo em relação à própria vida, essa pessoa pode ser fria e maldosa em sua comunicação com aqueles que estão ao redor. Assim, da próxima vez que acontecer algo que o magoe, é melhor sentir pena do que sentir raiva.

> É melhor sentir pena do que sentir raiva.

ENTRE EM AÇÃO

Como água em piso encerado
Se alguém ofender você, independentemente de ter sido intencional ou não, tente não demonstrar seus sentimentos. Com sorte, você não terá nenhuma oportunidade para exercitar isso, mas sua tarefa, para se preparar para quando acontecer, é desenvolver um hábito consciente de não revidar a ofensas. Sua reação no futuro deve ser da seguinte maneira:
- Conte até dez;
- Sorria;
- Afaste-se.

A situação deve ser como a água que escorre por um piso encerado para você. Deixe isso passar calmamente e siga em frente. Claro, é importante lembrar esse alguém que o afrontou, mas não demonstre uma reação visível.

Às vezes você vai precisar retrucar
Pode haver momentos em que realmente precise responder à altura; talvez se alguém ofender as pessoas à sua volta — sua equipe no trabalho ou sua família. Nesse caso, responda de maneira calma e madura, simplesmente expressando o que você está vendo ou ouvindo. Peça à outra pessoa que se esclareça, se ela realmente teve a intenção de ser grosseira ou ofensiva. Se necessário, exija que ela se desculpe.

Chute pessoas tóxicas para longe
É impossível controlar o que as outras pessoas dizem ou fazem, mas você pode se afastar. Esteja pronto para dar o benefício da dúvida ou ter uma conversa calma, mas esteja igualmente pronto para se afastar de pessoas que insistem em lhe causar mal.

60

SEJA GENEROSO

> *"Obviamente, você daria a sua vida pelos seus filhos, ou daria a eles o último biscoito do pacote. Mas, para mim, o importante na vida é pegar essa generosidade entre familiares e aplicá-la também a parentes mais distantes, com os vizinhos, com o vilarejo em que você mora e além."*
> Tom Stoppard

Pesquisas confirmam que quase todos nós disponibilizamos nosso tempo gratuitamente ou damos dinheiro aos menos favorecidos. Parabenize a si mesmo — falando estatisticamente, você provavelmente já é generoso.

Assim, se ser estatisticamente generoso é o novo normal, qual é o próximo passo? A verdadeira generosidade não é simplesmente dar algumas moedas para uma pessoa sem-teto; é parar para conversar com ela, perguntar como ela está, tentar compreender a sua situação e, talvez, oferecer-se para lhe comprar comida ou ajudar de alguma outra maneira. Ocasionalmente, alguns vídeos viralizam no YouTube mostrando pessoas que literalmente dão a camisa que estão vestindo para ajudar um morador de rua a se aquecer. Esse é o verdadeiro sucesso: ser a pessoa que dá, sem pensar em si mesma, para ajudar os outros.

A generosidade não é uma questão de dinheiro e tempo somente. Lembrar-se de agradecer as pessoas e escrever um bilhete ou relatório com elogios — quando você não precisa fazer isso — são coisas que verdadeiramente fazem com que as pessoas se destaquem. E fazer tudo isso sem esperar nada em troca também. A autêntica generosidade não espera nem busca retribuição. Como o autor John Bunyan disse, "Você não viveu até ter feito algo por alguém que jamais poderá retribuir".

> Esse é o verdadeiro sucesso: ser a pessoa que dá, sem pensar em si mesma, para ajudar os outros.

ENTRE EM AÇÃO

Comece pequeno
Procure maneiras de ser generoso. Saia da sua rotina para realmente fazer as pequenas coisas que têm ainda mais valor, já que são tão inesperadas.
- Ceda seu assento no ônibus para outra pessoa;
- Ligue para o seu marido ou esposa e diga que você organizou uma pequena viagem para o fim de semana (e não se esqueça de organizá-la);
- Ofereça-se para cuidar da casa do seu vizinho e alimentar o gato enquanto ele estiver viajando;
- Saia do trabalho mais cedo para assistir ao treino de futebol ou o recital de dança dos seus filhos;
- Saiba as datas de aniversário dos seus colegas de trabalho e surpreenda-os, organizando uma celebração inesperada;
- Passe mais tempo com colegas que possam estar tendo dificuldades com o trabalho ou que precisem de uma ajuda extra.

Reconheça a generosidade das outras pessoas
Quando você observa outras pessoas sendo gentis e generosas, frequentemente como heróis invisíveis que não esperam nada em troca, esteja a postos para agradecê-las e reconhecê-las. Você pode simplesmente conversar com elas para reconhecer suas ações. Ou até agradecê-las, pode agradecer publicamente, citando seus nomes, ou mencionar seus feitos, sem revelar os nomes. Às vezes, faço isso nas redes sociais, postando comentários tais como "Hoje eu vi o dono da cafeteria no centro da cidade dar café e pão gratuitamente para dois moradores de rua. Um ato de extrema generosidade feito por um herói anônimo". Desafio você a compartilhar o próximo exemplo de generosidade que observar hoje.

61

ALIMENTE-SE BEM

> "A única maneira de manter sua saúde é comer o que você não quer, beber o que você não gosta e fazer o que você não deseja."
> *Mark Twain*

As coisas não estão nada bem na área alimentícia. Por toda parte, vemos evidências de problemas com alimentação. No Ocidente, a obesidade, os distúrbios alimentares e o diabetes estão aumentando cada vez mais. O consumo de fast-food e de alimentos ultraprocessados está ficando excessivamente comum conforme as pessoas procuram por opções rápidas e baratas. É difícil dizer que você tem uma vida de sucesso quando está com uma doença que poderia ser evitada com uma rotina mais saudável.

O problema é o seguinte: é difícil saber no que acreditar ou o que fazer, já que há muitos conselhos conflitantes ao redor. Uma infinidade de estudos sobre a saúde nos diz o que é saudável e o que não é, e as informações parecem mudar de uma semana para a outra. Não importa se os artigos falam sobre a cafeína, proteínas ou vinho tinto.

Se você ainda é jovem e despreocupado, isso tem importância? Bem, uma coisa é certa: você vai pagar o preço no futuro, caso se empanturre de açúcar, fast-food, alimentos ultraprocessados e bebidas alcoólicas. A maioria das pessoas concorda com o seguinte: você vai envelhecer mais rápido, enfraquecer o seu sistema imune e morrer mais cedo do que se cuidasse melhor de si mesmo.

Sempre vai haver pessoas que escolhem a gratificação instantânea do consumo irresponsável em vez da gratificação postergada de uma vida saudável. Escolha cuidadosamente; você não vai ter uma segunda chance.

> A maioria das pessoas concorda com o seguinte: você vai envelhecer mais rápido, enfraquecer o seu sistema imune e morrer mais cedo do que se cuidasse melhor de si mesmo.

ENTRE EM AÇÃO

Tudo com moderação
Presumindo que comer e beber somente alimentos saudáveis esteja fora de questão, o segredo é consumir de tudo, mas com moderação. Se possível, evite alimentos e bebidas que sejam claramente prejudiciais, ou restrinja-se a consumi-los somente quando não houver alternativa. Em casa, evite produtos ricos em gordura ou açúcar.

Quaisquer que sejam os alimentos que você consumir, evite porções grandes de uma única coisa e não se empanturre com comida que não seja saudável. No decorrer do tempo, o ideal é diminuir a lacuna entre aquilo que você quer comer e aquilo de que seu corpo realmente precisa.

Adquira novos hábitos
Antes que os médicos diagnostiquem situações como intolerância ao glúten ou à lactose, ou até mesmo diabetes, procure desenvolver proativamente hábitos saudáveis na hora de comer e beber. Você pode fazer isso ao simplesmente adotar as seguintes estratégias:

- Beba água assim que acordar pela manhã;
- Sempre coma algo no café da manhã;
- Coma frutas frescas ou um mix de castanhas quando tiver vontade de petiscar alguma coisa entre as refeições;
- Não coloque açúcar em bebidas quentes;
- Não repita o prato;
- Pare de comer tarde da noite, dando tempo para que a comida seja digerida antes de se deitar para dormir;
- Reduza os hábitos que não são saudáveis — talvez com a introdução de uma regra como "chocolate e vinho somente nos fins de semana";
- Corte ou reduza o consumo de carnes e laticínios; tente se tornar semivegetariano ou até mesmo vegano.

62

BUSQUE E CRIE HARMONIA

> *"Se a vida não for uma questão de sermos humanos e vivermos em harmonia, então eu não sei o que é."*
> Orlando Bloom

Você compõe sua própria vida. É como se você fosse uma música e qualquer pessoa à sua volta fosse capaz de dizer se ela está tocando em harmonia. Quando está desafinada, pode ser uma experiência tão dolorosa que as pessoas vão querer tapar as orelhas! Você precisa estar em harmonia consigo mesmo, com os outros e com o mundo todo.

Quando está em harmonia consigo mesmo, quatro coisas estão alinhadas: o que você faz, o que pensa, o que diz e o que você sente. Nesses momentos, as coisas fluem sem uma sensação de agitação, estresse ou tensão. De certa maneira, todas as suas peças se encaixam bem e você sente menos ansiedade, estresse, irritação e culpa.

Estar em harmonia com os outros é uma questão de agir com honestidade, fazer aquilo que diz, ser uma pessoa franca, confiável e gentil. O oposto disso é quebrar promessas, criar mal-entendidos, promover confrontos, e não ser autêntico.

> Você compõe sua própria vida.

Existem diferentes maneiras de estar em harmonia com o mundo como um todo, como viver de maneira sustentável e agindo a favor da natureza, não contra ela. Pode envolver um esforço da sua parte para impedir que uma reserva natural das redondezas seja transformada em um parque industrial ou ajudar um grupo de refugiados que estão sendo realocados na sua região.

É difícil estar em paz com coisas e pessoas ao redor quando você mesmo não está em paz. Como o imperador e filósofo romano Marcus Aurelius descreveu, "Quem vive em harmonia consigo mesmo, vive em harmonia com o Universo".

ENTRE EM AÇÃO

Seja coerente consigo mesmo
O meu conselho é muito simples: tudo que você disser, pensar, sentir e fazer deve estar em alinhamento.

- Quando quiser perder peso, faça uma dieta e exercite-se;
- Se prometer ajudar alguém, lembre-se de fazê-lo;
- Se você se sente triste e deprimido, pare de agir como se tudo estivesse bem;
- Se acha que alguém está agindo de maneira cruel e maldosa com você, pare de fingir que tudo está bem;
- Se realmente não quer parar de fumar, então deixe de tentar. Nunca vai dar certo, a menos que se empenhe de verdade;
- Não diga uma coisa, sinta outra, pense em algo diferente e faça o contrário.

Os ganhos fazem as dores valerem a pena
Na realidade, esse é um dos desafios mais difíceis de todos, e você vai precisar explorar todos os cem capítulos deste livro para conseguir vencê-lo. Vai ser estressante e difícil no curto prazo. Você provavelmente vai irritar as pessoas quando compartilhar o que realmente pensa ou sente, ou quando parar de fazer alguma coisa que não deseja mais fazer.

O benefício a longo prazo é que vai começar a ser mais autêntico e honesto. Algumas pessoas podem se afastar de você. Se fizer isso, pode esperar ter relacionamentos e amizades mais honestos e abertos.

63

VOLTE PARA CASA NA HORA CERTA

> *"Pessoas que trabalham muito e pessoas que trabalham de um jeito inteligente têm noções diferentes de sucesso."*
> *Jacob Morgan*

De acordo com uma pesquisa global da *Ernst & Young*, feita em 2014, a cada três pessoas que trabalham, uma disse que ficou mais difícil administrar o equilíbrio entre a profissão e a vida pessoal nos últimos cinco anos. Regularmente oriento indivíduos que reclamam porque não conseguem sair do trabalho no horário certo. Graças a medidas constantes de cortes de custos, reestruturações e otimizações, muitos estão tendo que fazer mais coisas no trabalho com menos ajuda e de menos colegas. Como você quer chegar em casa a tempo para o jantar quando tem o dobro da quantidade de trabalho para fazer?

Parece haver duas respostas potenciais para cargas de trabalho cada vez maiores. Você pode:
- Recusar, tentando fazer com que o trabalho seja repassado aos outros ou que não seja completado;
- Trabalhar as horas a mais.

Se você se recusar a assumir as tarefas extras, vai se arriscar a entrar na linha de fogo das demissões na próxima onda de reestruturação.

É preciso também levar em consideração a pressão dos colegas de trabalho. É fácil sentir-se pressionado a ficar no emprego além do horário normal do expediente, mesmo quando não há nada de urgente a fazer, simplesmente porque você não quer ser o primeiro a vestir o casaco e sair dali.

O ideal é conseguir cumprir tudo dentro do seu horário normal de trabalho, fazendo com que as horas extras sejam a exceção, não a regra. Isso pode ser feito e você vai aprender como na página seguinte.

> O ideal é conseguir fazer tudo dentro do seu
> horário normal de trabalho.

ENTRE EM AÇÃO

Trabalhe com inteligência

O segredo é trabalhar com inteligência. Não significa trabalhar com o dobro da velocidade ou fazer tudo apressadamente. É uma questão de fazer o que precisa ser feito de maneira tão produtiva, criativa e eficiente quanto possível:

- Comunique sua intenção aos outros. Se você precisa sair da empresa às 17h30, diga aos colegas que esse é o seu plano. Isso serve sutilmente como estímulo para que eles façam o mesmo;
- Planeje o seu dia de trabalho mapeando o que realmente precisa ser concluído hoje, como isso será feito e por quem;
- Esteja pronto para delegar trabalho (inclusive para o seu chefe) e para recusar pedidos e tarefas que você sabe que não são importantes nem essenciais e que não fazem parte da sua área de expertise. Este é o ponto em que uma boa capacidade de julgamento é importante — haverá momentos em que você vai ter de aceitar pedidos extras e trabalhar mais do que o habitual;
- Pare de perder tempo procrastinando ou fazendo tarefas que não têm importância. Se você passar uma hora por dia não sendo produtivo, não pode reclamar que sempre tem que ficar na empresa além do normal;
- Imagine que você é a pessoa mais preguiçosa do mundo. Pessoas preguiçosas são ótimas, porque sempre encontram a maneira mais fácil de fazer as coisas. Bill Gates disse que gostava de contratar pessoas preguiçosas exatamente por esse motivo. Assim, como uma pessoa preguiçosa enfrentaria a lista de tarefas que você precisa cumprir?;
- Estimule seus colegas a trabalharem com inteligência, — é uma situação em que todos ganham, porque, se começarem a trabalhar de maneira mais inteligente, isso vai criar um ambiente ou uma cultura de trabalho mais eficiente e todos saem ganhando;
- Deixe o trabalho em seu devido lugar — no trabalho. Isso inclui todas as preocupações, as pressões e os problemas que surgirem.

64

TRABALHE O QUANTO PUDER

> *"Parece, inclusive, que a segunda metade da vida de um homem é feita apenas dos hábitos que ele acumulou durante a primeira."*
> Fiódor Dostoiévski

A aposentadoria pode matar. De acordo com um estudo do economista suíço Josef Zweimüller, cada ano extra conseguido com uma aposentadoria precoce reduz sua expectativa de vida em dois meses. Se você estiver guardando as boas oportunidades de se divertir para quando se aposentar, talvez seja tarde demais. Tente ter uma vida com menos estresse, mais relaxada e saudável agora para conseguir aproveitá-la mais tarde, quando se aposentar.

> A aposentadoria pode matar.

Há um belo provérbio francês que diz que passamos a primeira metade das nossas vidas desejando a segunda, e a segunda metade nos arrependendo da primeira. Conversei recentemente com um grupo de pessoas aposentadas e perguntei que conselho elas dariam às versões mais jovens de si mesmas para garantir que tivessem a melhor vida possível depois da aposentadoria. Houve três respostas comuns:
- Cuide da saúde, exercitando-se e consumido comida e bebidas com sensatez;
- Não deixe sua lista de desejos para ser realizada depois que se aposentar. É melhor ter boas memórias quando se está mais velho em vez de sonhos não realizados quando se é mais jovem;
- Não tenha pressa para se aposentar; deixe acontecer gradualmente. Experimente uma semiaposentadoria ou trabalhe por

meio período por algum tempo em vez de simplesmente parar de trabalhar de um dia para outro.

ENTRE EM AÇÃO

Seja hoje a pessoa que você quer ser quando se aposentar
Todas as evidências apoiam a ideia de se adaptar gradualmente à aposentadoria em vez de planejar se tornar uma pessoa totalmente diferente quando parar de trabalhar. Mas, para trabalhadores assalariados, isso pode ser difícil; pois você tem de parar quando chega a uma certa idade.

Por enquanto, procure maneiras de agir como se já estivesse aposentado:
- Procure se desestressar e relaxar;
- Não reclame por estar ocupado demais ou não ter nada para fazer;
- Apenas aceite o que está diante de você;
- Encontre tempo para se dedicar a outras atividades e hobbies.

Recentemente, conversei com um amigo aposentado que sempre fez planos de jogar golfe todos os dias depois que parasse de trabalhar. Depois de um ano, ele percebeu que as partidas de golfe estavam transformando sua vida em algo mundano e entediante. Ele passou anos visualizando a segunda metade da vida apenas para descobrir que não gostava realmente daquilo com que sonhou.

65

SAIBA USAR A LINGUAGEM CORPORAL

> *"A linguagem corporal é uma ferramenta muito poderosa. Nós já tínhamos a linguagem corporal antes de desenvolvermos a fala e, aparentemente, 80% do que você compreende em uma conversa é assimilado por meio do corpo, não das palavras."*
> Deborah Bull

Gostando ou não, a sua linguagem corporal é visível o tempo inteiro, enviando mensagens para os outros mesmo quando você não faz ideia do que está comunicando e menos ainda daquilo que está realmente dizendo. O escritor Jarod Kintz definiu a situação muito bem quando disse: "Eu amo a linguagem corporal, porque posso usá-la sem falar, sem escutar e até mesmo quando estou de costas".

Para ter sucesso em qualquer área da vida, você precisa conseguir se dar bem com as pessoas. E isso significa controlar as mensagens não-verbais que transmite, assim como compreender as mensagens não-verbais que recebe. Sua linguagem corporal precisa trabalhar junto com você para criar e manter bons relacionamentos. Ela precisa ser a linguagem corporal do sucesso.

Quando quiser mostrar que pode confiar nos outros, sua linguagem corporal tem que reforçar o que você está dizendo. Se ficar de braços cruzados e evitar olhar nos olhos da outra pessoa, isso vai contradizer a mensagem que está tentando passar. As outras pessoas talvez não percebam isso conscientemente, mas podem ser afetadas pela sua linguagem corporal, percebendo você como uma pessoa fria ou suspeita, graças à desconexão entre a sua comunicação verbal e não-verbal.

> Controle as mensagens não verbais que você emite.

ENTRE EM AÇÃO

A primeira impressão é tudo
O momento mais importante para administrar bem a sua linguagem corporal é na primeira vez em que você conversa com alguém. A primeira impressão conta muito, e é verdade que raramente você tem uma segunda chance de causar uma boa primeira impressão.

O segredo é emanar uma aura de autoconfiança e credibilidade:
- Sempre sorria, olhe a outra pessoa nos olhos e tenha um aperto de mão na primeira vez em que conversar com alguém (embora seja importante mencionar que isso nem sempre é apropriado em todas as culturas);
- Mantenha a postura ereta, tanto em pé quanto sentado. Se estiver sentado, mantenha as pernas juntas e não se mova muito, nem fique agitado em seu assento;
- Vista-se adequadamente para a ocasião. Se estiver em dúvida, vista-se de maneira mais formal do que você normalmente faz; é sempre mais fácil retirar peças de roupa extras do que fazer o contrário.

Enfrente os seus maus hábitos
É muito difícil saber o que as outras pessoas acham que a sua linguagem corporal e os seus sinais não verbais estão dizendo. Se realmente não faz a menor ideia, pergunte aos seus amigos ou familiares e peça para que sejam honestos com você. É melhor ouvir verdades deles do que ir mal em uma entrevista de emprego ou em um encontro romântico.

66

ESCOLHA E MANTENHA SEUS AMIGOS COM SABEDORIA

> *"Na vida, você vai perceber que há um propósito para todas as pessoas que conhece. Alguns vão lhe testar, outros vão lhe usar e alguns vão lhe ensinar. Mas, mais importante do que tudo isso, alguns vão fazer aflorar o que há de melhor em você."*
> Autor desconhecido

Há um ditado que diz que "nós somos os nossos cinco melhores amigos", e é verdade. As pessoas que escolhe como amigas podem ter um forte impacto em você, tanto de maneira positiva quanto negativa.

Nossos amigos podem reforçar e aprimorar seu jeito ou prejudicá-lo. Passe qualquer quantidade de tempo com as mesmas pessoas e você vai começar a assimilar os hábitos delas. Coisas que antigamente seriam inaceitáveis podem facilmente se tornar aceitáveis.

- Um estudo de 2013 publicado no periódico *Psychological Science* mostrou que ter amigos com personalidade forte pode aumentar o seu próprio autocontrole. É como se o fato de estar na presença deles reforçasse a sua força de vontade;
- De acordo com um estudo de 2015 no *Journal of Consumer Research*, quando amigos fazem escolhas ruins ou inapropriadas, com o passar do tempo, você tem uma probabilidade maior de copiá-los e de ser prejudicado por eles.

Quando oriento meus clientes, digo que uma das melhores maneiras de entenderem a si mesmos é conversar sobre seus melhores amigos e amigos do passado com quem eles não têm mais contato atualmente. Diferentemente do que acontece com membros da família, você normalmente tem liberdade para escolher seus amigos e, por causa disso, pode observar os padrões que surgem das amizades duradouras. O ideal é ter amigos que façam aflorar o que há de melhor em você, que o ajude a crescer e que sempre estarão ao seu lado.

> Tenha amigos que façam aflorar o que há de melhor em você, que o ajude a crescer e que sempre estarão ao seu lado.

ENTRE EM AÇÃO

Faça escolhas corajosas

Acredito que todas as pessoas que conhecemos, nós as conhecemos por uma boa razão. Infelizmente, raras vezes sabemos quais são as razões. Só porque você conheceu uma pessoa nova não significa que ela deve se tornar ou continuar sendo sua amiga. Esteja preparado e disposto para perder amigos e conhecidos que repetidamente lhe causam dor ou desconforto. Cuidado com pessoas que:

- São grosseiras e maldosas com você;
- Ridicularizam e têm inveja de você;
- São egoístas e até mesmo narcisistas;
- Têm valores, perspectivas de vida e comportamentos que lhe causam desconforto.

Você não precisa justificar por que está se afastando dessas pessoas. Pode querer compartilhar aquilo que o preocupa, mas não espere que elas mudem. As pessoas frequentemente são cegas às suas próprias fraquezas e podem se recusar a aceitar o que diz ou culpá-lo por acabar com a amizade. Esteja pronto para encarar um desafio se vocês tiverem amigos em comum. O fato de se afastar pode causar um impacto na dinâmica do grupo. Seja honesto com quem está à sua volta sobre os seus sentimentos e ações. Seja sempre sincero consigo mesmo.

Cultive as verdadeiras amizades

É triste quando os amigos se afastam de nós com o passar dos anos, ou dependendo de circunstâncias como demissões, doenças ou divórcios. Frequentemente, são os eventos mais importantes da vida que mostram quem são seus verdadeiros amigos. São esses que você deve valorizar.

67

SEJA CURIOSO

> "Nós vamos em frente o tempo todo, abrindo novas portas e fazendo coisas novas, porque somos curiosos e a curiosidade sempre nos leva por novos caminhos."
> Walt Disney

A curiosidade é um estado mental essencial nos dias de hoje. É o hábito de fazer perguntas, explorar e abrir-se para o que existe ao redor. É perguntar por que as coisas são do jeito que são. Fazendo isso, você dá à sua vida mais significado e valor. É estar aberto e não tirar conclusões precipitadas, ou julgar demais as pessoas e situações.

Todos nós nascemos com a curiosidade. Você só precisa observar um bebê explorando o ambiente em que está para ver isso. A educação na escola e os pais podem estimular a curiosidade natural, fazendo com que ela afloresça, mas podem também reprimi-la. Os especialistas dizem que é bom deixar que as crianças façam suas próprias perguntas e encontrem suas próprias respostas. Infelizmente, muitos jovens adultos entram na vida profissional esperando e querendo receber respostas e soluções prontas.

> A curiosidade é um estado mental essencial nos dias de hoje.

A curiosidade precisa ser reestimulada e cultivada se quiser ter sucesso na vida. Você precisa redescobrir aquela criança interior, aquele explorador curioso que pergunta:

- "Como posso fazer isso de um jeito mais simples, mais rápido, mais bonito ou mais barato?";
- "Como posso resolver este problema de uma nova maneira?";

- "Como posso deixar esse serviço mais divertido e agradável?";
- "Como posso integrar essa bela ideia japonesa no meu projeto?";
- "Como posso desenvolver essa ideia em escala global?".

ENTRE EM AÇÃO

Seja expert em fazer perguntas

Não se apresse em encontrar respostas. Daniel Willingham, um cientista cognitivo, diz que somos "tão ansiosos para encontrar a resposta que não dedicamos tempo suficiente para desenvolver a pergunta". A curiosidade ajuda a fazer as perguntas que produzem respostas melhores do que aquelas que você conseguiria com uma pesquisa rápida no Google. A curiosidade ajuda a construir o conhecimento que ultrapassa as conclusões simples e explicações fáceis.

Adeus, tédio

Condicione-se para se envolver com o ambiente ao seu redor, mesmo que sinta o impulso de se desligar e se afastar. Não confunda o tédio com um lapso na concentração. É totalmente normal e aceitável que o seu nível de concentração diminua em uma reunião ou mesmo em um encontro social. Faça uma pausa curta para esticar as pernas ou pegar um café. Quando voltar, comprometa-se a se envolver intensamente. Visualize qualquer evento ou discussão como algo a explorar, como uma oportunidade de melhorar as coisas.

- O que você é capaz de perceber que as outras pessoas não são?
- Como você pode deixar a discussão mais interessante?
- O que você pode aprender com as pessoas ao seu redor, simplesmente observando o que fazem e como agem?

68

FAÇA O QUE VOCÊ DIZ

> *"Às vezes, as pessoas não entendem as promessas que estão fazendo no momento em que as fazem."*
> *John Green*

Você deve agir de acordo com o que diz. Quando faz aquilo que diz que vai fazer, você se torna um exemplo de credibilidade. E a credibilidade é valiosa. Inclusive, penso que é a qualidade mais importante que uma pessoa pode ter. Leva tempo para estabelecê-la, e um movimento precipitado ou uma decisão impensada pode estraçalhá-la por completo.

Todos os dias estão repletos de pequenos momentos que colocam sua palavra à prova — desde prometer colocar as cartas no correio até comprar leite no caminho de volta para casa. Todos nós nos esquecemos de alguma coisa de tempos em tempos, mas deixar de cumprir as pequenas tarefas destrói a confiança.

> Você sempre deve agir de acordo com o que diz.

O maior desafio vem com os compromissos assumidos na vida, em que uma única falha pode destruir toda a confiança — um caso extraconjugal, por exemplo, ou não conseguir cumprir com o trabalho contratado no prazo, fazendo com que sua empresa perca o cliente. Esses momentos podem atrapalhar os seus planos para ter uma vida bem-sucedida.

ENTRE EM AÇÃO

Não aceite um acordo se não tiver condições de cumpri-lo
Nunca concorde em fazer alguma coisa quando você sabe que não será capaz de fazer o que lhe foi proposto. Abraham Lincoln acertou em

cheio quando disse que não devemos prometer o que não podemos cumprir, assim não seremos convocados a fazer o que não temos condições de fazer. Se você não tem certeza, então diga. É sempre melhor decepcionar com um "não" dito do que posteriormente, quando você não consegue ir cumprir as tarefas conforme o esperado.

Tome cuidado com promessas especiais
Considere que seus relacionamentos importantes são sagrados. Provavelmente serão com sua esposa ou marido, com seus filhos, seus pais, amigos próximos, chefes e principais colegas de trabalho. Cuide com bastante carinho das pessoas que participam diariamente da sua vida. Sempre tente entender e lembre-se das promessas e acordos que você faz para quem está mais próximo de você.

E o mais importante: sempre dê atenção especial às promessas e aos compromissos que você faz ou que deveria fazer para sua esposa, marido, namorado(a) ou companheiro(a).

69

PARE ANTES DE CLICAR EM "ENVIAR"

> *"Compare o ato de enviar uma mensagem de texto a alguém com receber uma carta de amor trazida por um pombo-correio. Não há comparação."*
> Bryan Callen

Toda a nossa vida profissional e social gira em torno de bilhões de e-mails, mensagens SMS e de aplicativos para celular que são trocadas por todos nós. Escrevemos enquanto estamos comendo, dirigindo, correndo, em reuniões ou no banheiro — é de surpreender que tantas das que são mandadas têm erros ou são inapropriadas? Inclusive, pelo menos um provedor de e-mails tem um botão "cancelar envio", com o qual você pode desfazer o envio de um e-mail logo depois de ter pressionado o botão "enviar".

Já orientei muitos executivos que se deparavam com uma variedade de desafios de comunicação e também relacionados aos e-mails. Um deles nunca os lia com atenção; outro escrevia mensagens longas e vagas que confundiam os colegas; e outro só escrevia e-mails contendo mensagens de uma linha, que passavam a impressão de que ele era uma pessoa fria e insensível.

> Antes de clicar em "enviar", releia o que você escreveu.

É fácil esquecer que a comunicação passou a acontecer de modo on-line (e em dispositivos móveis) apenas recentemente. Todos nós estamos enfrentando uma curva de aprendizado bem agressiva. Assim, antes de clicar em "enviar", releia o que você escreveu e coloque-se no lugar da pessoa que vai receber a mensagem. Provavelmente, vai encontrar uma maneira melhor de compor seu texto.

ENTRE EM AÇÃO

Falar ou escrever?
É muito fácil e rápido digitar um e-mail ou uma mensagem para alguém. Você pode digitar uma mensagem mais rápido do que fazer uma chamada telefônica ou ir visitar alguém fisicamente. O segredo é procurar evitar como, com quem e o que você comunicou.

Isso pode ser facilmente alcançado se investirmos tempo de antemão considerando o seguinte:

- Qual é a intenção da mensagem?
- Que resultado você precisa alcançar (por exemplo, apenas informar uma pessoa sobre os fatos, buscar uma resposta ou ter uma discussão detalhada)?
- Quem exatamente precisa receber a mensagem? Quem precisa receber cópias dela?
- A mensagem precisa de um toque mais humano — por exemplo, ser dita pessoalmente ou por telefone? Ou está na hora de enviar uma carta escrita a mão?
- E o mais importante de tudo: você vai se arrepender de mandar o e-mail ou o SMS?

Escreva e salve um rascunho
Há momentos em que você vai escrever um e-mail ou SMS que tem o potencial de deixar o destinatário irritado, aborrecido ou triste. Para evitar se arrepender do que envia, desenvolva o hábito de escrever o seu texto e salvá-lo como rascunho. Em seguida, deixe o celular de lado ou afaste-se do computador. Volte à mensagem algumas horas depois, releia o que você escreveu e decida se o palavreado e o tom da mensagem estão adequados. Pense em como você se sentiria se recebesse a mensagem. Só clique no botão "enviar" quando você estiver confortável.

70

SEJA AMIGO DO SEU MEDO

> *"Não devo temer. O medo é o assassino da mente. O medo é a pequena morte que traz consigo a aniquilação total. Vou enfrentar meu medo. Vou permitir que ele passe por mim e através de mim."*
> Frank Herbert

Ter fobia de aranhas é uma coisa, mas os maiores medos que levamos conosco são aqueles que podem sabotar a chance de termos uma vida incrível. O medo pode ser debilitante. Pode impedir que você assuma riscos por receio de fracassar ou impedir que assuma a liderança por receio de ser ridicularizado.

Saber de onde vêm os seus medos pode ajudar a compreendê-los e a explorar maneiras de superar seus efeitos. Há um forte elo com os nossos pais e com a maneira como fomos criados. Uma amiga minha tem medo de experimentar coisas novas que parecem perigosas porque, quando era criança, sua mãe era obcecada pela possibilidade de que ela poderia se machucar. Até mesmo a ideia de andar de bicicleta ou patinar no gelo é o bastante para fazê-la entrar em pânico hoje em dia.

Mas se eu tivesse de citar um medo que faz com que as pessoas não conquistem seus objetivos, seria o medo do sucesso. Nas palavras da professora e escritora Marianne Williamson, "nosso medo mais profundo não é o de sermos ou parecermos inadequados. Nosso medo mais profundo é de termos um poder que jamais imaginamos ter. É a nossa luz, e não a nossa sombra, que mais nos assusta". Nós nos perguntamos a nós mesmos: "Quem sou eu para ser brilhante, bonito, talentoso e fabuloso?".

> Saber de onde vêm os seus medos pode ajudar a compreendê-los.

ENTRE EM AÇÃO

Enfrente seus medos

Não presuma que você pode simplesmente ignorar seus medos, fingindo que eles não existem. Em vez disso, converse, faça graça e ria deles. Exponha-os e, ao fazer isso, vai aprender pouco a pouco a viver com os seus medos, fazendo com que seja mais fácil agir apesar deles. Nas palavras de um antigo provérbio japonês, o medo é tão profundo quanto a mente permite. Está tudo na sua mente, e você pode mudar a importância que os receios têm na sua vida.

Comece identificando os seus medos. Parece não ser uma coisa muito intuitiva, mas faça o que você teme, seja o que teme e diga o que teme. Muitos estudos já confirmaram que expor-se aos próprios medos é uma maneira muito eficaz de superá-los.

Hoje, faça a coisa da qual você tem mais medo. Ir até um mirante no alto de um prédio ou de uma montanha pode auxiliar a superar a vertigem; falar em público pode ajudar a ser mais autoconfiante quando estiver sob os holofotes; usar um elevador pode ajudar a superar a claustrofobia.

Fazer isso repetidamente no decorrer do tempo faz com que seus medos sejam cada vez menores.

Você pode precisar de ajuda profissional

Claro, alguns medos surgem de paranoias e traumas com raízes mais profundas, ligados às experiências da infância. Nesses casos, você pode se beneficiar de algumas consultas com um hipnoterapeuta ou psicólogo. A terapia cognitivo-comportamental (TCC) é um tratamento muito indicado. Ela divide o seu problema em partes menores para ajudar a se livrar dos seus medos.

71

DIGA A VERDADE

> "Nós aprendemos sobre a honestidade e a integridade, e que a verdade importa... Que ninguém pode pegar atalhos ou jogar de acordo com as próprias regras... E que o sucesso não conta, a menos que você o conquiste de maneira justa e honesta."
> *Michelle Obama*

Em 2002, o pesquisador do Instituto de Tecnologia de Massachusetts (MIT), Robert Feldman, demonstrou que, em média, no espaço de uma conversa de apenas dez minutos, nós contamos duas ou três mentiras. Os estudos variam, mas todos mostram que os seres humanos basicamente mentem muito.

Claro, há diferentes tipos de mentiras. Algumas são pequenas e insignificantes, outras são enormes e escandalosas. Mas uma mentira ainda assim é uma mentira, mesmo que a justifiquemos como uma "mentira do bem".

Às vezes, parece que estamos ficando dessensibilizados à falta de integridade das outras pessoas. Toda semana a mídia traz à tona notícias sobre pessoas famosas que mentiram ou trapacearam de alguma maneira. Essas notícias são o suficiente para nos fazer parar e pensar se mentir e trapacear podem ser realmente um atalho para o sucesso. Isso pode tomar várias formas:

- Você poderia mentir sobre as suas qualificações e experiências de trabalho no seu currículo;
- Você poderia assumir o crédito pelas ideias e pelo trabalho de outras pessoas;
- Você poderia fingir que ama alguém apenas para se casar com uma pessoa rica;
- Você poderia falsificar documentos sobre o seu salário quando for pedir um empréstimo no banco.

Muitas pessoas ficam felizes em viver com mentiras como essas, dizendo que são "peixes pequenos" ou que é uma maneira inteligente de burlar "o sistema". Faça ou diga o que quiser, mas se você seguir por esse caminho, seu sucesso vai ser falso. Suas vitórias não terão nenhum significado. Sucesso sem integridade é como construir uma casa sem alicerces. Em algum momento as rachaduras vão aparecer e a estrutura vai desabar.

> Sucesso sem integridade é como construir uma casa sem alicerces.

ENTRE EM AÇÃO

Pare de se enganar
É hora de viver com integridade total. A partir de hoje, obrigue-se a sentir-se mal por mentir e trapacear. Permita que sua consciência assuma o protagonismo e faça com que você se sinta desconfortável. Sempre fale a verdade e, se decidir não fazê-lo, seja claro em relação aos motivos.

Sempre seja honesto consigo mesmo. Chega de ficar diante do espelho e mentir para a pessoa que está ali. O escritor Paulo Coelho definiu muito bem essa situação quando disse: "Se você quer ter sucesso, é preciso respeitar uma regra: jamais mentir para si mesmo".

Toda ação tem uma consequência
Se você realmente vier a mentir e trapacear, prepare-se para as consequências, porque fatalmente acabará sendo apanhado. Seu castelo de cartas pode ser fantástico, mas pode desabar em uma fração de segundo. Sua reputação, perspectivas de emprego ou até mesmo a liberdade podem ser destruídas. Ninguém olha para Lance Armstrong hoje em dia e vê alguém que venceu o Tour de France sete vezes.

O problema em mentir é que nunca vai saber com certeza qual é o risco de ser descoberto ou a severidade das consequências. Você pode passar toda a sua carreira fingindo que tem um diploma universitário ou pode ser desmascarado no primeiro emprego.

Esteja pronto para responder à pergunta: você é capaz de viver com as consequências de ser desmascarado? E, já que tocamos no assunto, a resposta sempre deveria ser "Não, não sou!".

72

SEJA ESPECIALISTA EM ALGO

> *"Nunca se torne um especialista tão proficiente a ponto de parar de ganhar experiência. Encare a vida como uma experiência constante de aprendizado."*
> Denis Waitley

Você é um especialista. Na verdade, todos nós somos especialistas em alguma coisa, mesmo que seja em maus hábitos que repetimos e praticamos com tanta frequência que nos tornamos mestres no assunto. O sucesso vem quando você para de fazer coisas nas quais não quer ser um especialista — como ficar ostentando o que tem, não dar atenção às outras pessoas ou ser preguiçoso — e abre espaço para coisas nas quais você quer ser. É uma questão de ajustar o foco da sua energia e motivação internas no que pode ser chamado de "áreas ideais de domínio" — áreas em que você teria orgulho de ser chamado de especialista, tais como:

- *Soft skills* e comportamentos, tais como praticar empatia e espírito colaborativo;
- Habilidades úteis para a vida, como planejamento financeiro e ser um bom pai ou boa mãe;
- Habilidades profissionais, tais como saber usar um sistema informatizado ou gerenciar projetos;
- Expertise profissional em algum campo de conhecimento como engenharia, enfermagem ou direito.

Você pode trabalhar para se tornar especialista em apenas uma área ou desenvolver habilidades e expertise em várias delas. Eu passei da área de finanças para o recrutamento e dali para o coaching, e durante todo esse tempo, desenvolvi e dominei habilidades importantes tais como pensar estrategicamente, administrar empresas efetivamente e liderar pessoas. Toda essa expertise contribui para o meu trabalho na área de coaching de liderança empresarial.

> O sucesso vem quando você para de fazer coisas nas quais não quer ser um especialista e abre espaço em sua vida para coisas nas quais você quer ser.

ENTRE EM AÇÃO

Especialista em quê?
Que tipo de especialidade quer ter? Pense em por que e como essa especialidade vai ajudar você a ter mais sucesso na vida. Conforme ganhar experiência, vai ter uma ideia melhor daquilo em que quer se especializar. Se estiver em dúvida, tente se especializar e dominar tudo o que aparecer pela frente. Pode parecer uma questão de senso comum, mas é mais fácil se tornar especialista em atividades que adora fazer e nas quais você cumpre suas tarefas com paixão e energia.

Pratique deliberadamente
A expertise é algo que demanda tempo e prática. Nas palavras do empresário e escritor W. Clement Stone: "Tentar, tentar, tentar e continuar tentando é a regra que deve ser seguida para que você se torne um expert em qualquer coisa". Muito já foi dito sobre a necessidade de praticar qualquer coisa por dez mil horas para se tornar um especialista. Estudos recentes desmentiram esse mito, mas não importa quanto tempo leve — você não vai ser capaz de dominar nada da noite para o dia. É preciso repetir deliberadamente uma atividade e buscar feedback e mentoria. E, mais importante do que tudo, você precisa fazer e aprender com seus fracassos e erros. Gosto de pensar que o especialista é a pessoa que mais cometeu erros.

Passe a sua expertise adiante
Ensine aquilo que precisa dominar. Você pode se perguntar como vai poder compartilhar aquilo que ainda não dominou, mas a expertise é um termo relativo, e você sempre pode ficar melhor em qualquer coisa que faz. Compartilhar seus insights, sua experiência e seu conhecimento pode ajudar a assimilá-los e a compreendê-los melhor — não importa se está reformando uma casa ou preenchendo o formulário do imposto de renda.

73

PEÇA DESCULPAS QUANDO ERRAR

> *"Um homem deve ser grande o bastante para admitir seus erros, inteligente o bastante para lucrar com eles e forte o bastante para corrigi-los."*
> *John C. Maxwell*

É um sinal de maturidade e sabedoria quando alguém espontaneamente ergue as mãos, admite que cometeu um erro e se desculpa. Muitas pessoas se recusam a reconhecer quando estão erradas, preferindo culpar os outros e evitando assumir a responsabilidade.

Por que é tão difícil pedir desculpas? Do que você tem medo? Desculpar-se não é um sinal de fraqueza ou falta de firmeza; na verdade, é o oposto. Passar a vida evitando se desculpar por erros que podem ter ofendido outras pessoas mostra falta de empatia combinada com teimosia.

Quando passo meu tempo com pessoas que têm problemas com o ato de se desculpar, frequentemente descubro que, em seus corações, elas sabem que fizeram algo errado e que deviam pedir desculpa, mas, de algum modo, seu orgulho e ego as impede de se retratarem e humildemente dizer: "Desculpe-me pelo o que eu fiz". Pedir desculpa e procurar o perdão são ações libertadoras. Elas removem a culpa e a mágoa dos relacionamentos.

> Pedir desculpas e procurar o perdão são ações libertadoras.

ENTRE EM AÇÃO

Pedidos de desculpa autênticos, por favor
Os maiores sinais de sabedoria, caráter e integridade são:
- Sempre dizer às pessoas que você lamenta pelo que fez;

- Demonstrar franqueza e, quando necessário, pedir desculpa publicamente;
- Ter a certeza de que o pedido de desculpa é genuíno e dito com sinceridade;
- Oferecer-se para reparar o que houve de errado.

Palavras não são o bastante
Admitir que está errado e pedir desculpa em seguida não é o suficiente. Você pode ter esclarecido a situação ao demonstrar franqueza, garantir que outras pessoas não estejam sendo responsabilizadas ou acusadas indevidamente e feito com que as partes afetadas se sintam melhor. Entretanto, é somente por meio das suas ações que você pode demonstrar verdadeiramente que o seu pedido de desculpa foi genuíno. Você deve fazer duas coisas:

- Compensar o que fez de errado. Você pode reconstruir o que foi quebrado, oferecer alguma compensação, fazer um pedido público de desculpa ao grupo de amigos ou colegas de trabalho envolvidos e/ou enviar um cartão com o pedido de perdão e até dar ou um presente para a pessoa que afetou;
- Mude seu comportamento de modo que, quando uma situação similar surgir novamente não vai repetir suas ações. Você pode fazer um esforço extra para se lembrar de um aniversário, chegar na hora certa para uma reunião ou ser cortês com sua irmã na próxima reunião de família.

74

MANTENHA CONTATO COM VELHOS AMIGOS

> *"Uma das qualidades mais bonitas da verdadeira amizade é entender e ser entendido."*
> *Lúcio Sêneca*

Há um ditado dos povos indígenas norte-americanos que diz: "Não deixe que a grama cresça no caminho da amizade". Faça tudo o que puder para manter suas amizades vivas.

Amizades que sobrevivem aos anos são consideradas um grande alicerce para a vida. É maravilhoso e muito importante ter pessoas com quem você pode se conectar sempre que quiser e precisar, por quaisquer razões. Elas nem precisam ser pessoas próximas fisicamente.

Além disso, ter pessoas conhecidas à nossa volta é essencial para o bem-estar. Se mantiver alguma forma de contato com essas pessoas, você vai ficar surpreso ao perceber que qualquer tipo de amizade fica mais sólida com o tempo.

Amigos o ajudam a se conectar com quem você é — com suas memórias e experiências do passado e as coisas que compartilhou com eles, desde os seus mais lindos sonhos até os segredos mais sombrios.

> Faça tudo o que puder para manter suas amizades vivas.

Amigos podem servir como influências fundamentais na vida. Talvez eles o tenham conhecido quando você ainda estava no começo e tenham testemunhado suas lutas, seus fracassos e sucessos. Isso os coloca em uma posição privilegiada para serem seus mentores, conselheiros e referências mais importantes. Uma história compartilhada constrói confiança e, quando a confiança existe, é mais fácil se abrir e revelar seus medos, preocupações e incertezas.

ENTRE EM AÇÃO

Com quem você pode se reconectar?
Pense nos amigos com quem você não tem mais contato. Graças à tecnologia, provavelmente será fácil encontrá-los se você quiser. Uma busca rápida em sites como Google, Wikipédia, Facebook ou LinkedIn frequentemente é suficiente para encontrar qualquer pessoa do seu passado com quem você queira se reconectar.

Descubra se a amizade ainda está viva
Tome a iniciativa de entrar em contato com essas pessoas. Descubra se elas se lembram de você, se valorizam a sua amizade e se gostariam de reavivá-la. Esteja pronto para aceitar se eles preferirem seguir em frente e não voltar a entrar em contato. É difícil não levar isso para o lado pessoal, mas tente não se deixar afetar. Você pode trazer lembranças de um passado do qual eles estão tentando se afastar. Talvez eles estejam casados atualmente e reconectarem-se com você sirva apenas para lembrar de um passado em que eram solteiros e despreocupados, uma época que preferem simplesmente deixar para trás ou esquecer.

75

MANTENHA O FOCO NO QUE É IMPORTANTE

> *"Tente manter a perspectiva de que, com o tempo, tudo se desintegra e volta à sua forma inicial."*
> Richard Carlson

Há coisas na vida que são pequenas, ou seja, não têm importância, mas que podem ser irritantes. O baixo aumento do seu salário ou alguém que rouba a sua vaga de estacionamento talvez não sejam coisas tão grandes, mas ainda assim podem aborrecer bastante.

Como o escritor norte-americano Dennis Sharpe disse: "Por que remoer as coisas que não importam quando há tantas coisas importantes?". Uma parte da resposta está naquilo que realmente lhe influencia a qualquer momento. Frequentemente, a situação mais ampla não é fácil de ser visualizada e acaba sendo temporariamente ignorada.

Ficamos fixados em um evento pequeno e não conseguimos dar um passo para trás e olhar o que está ao redor. É como se estivéssemos em um teatro e só conseguíssemos ver uma parte da apresentação ou do espetáculo.

> Pergunte a si mesmo: "Essa situação vai ter importância amanhã, na semana que vem ou daqui a um ano?".

Quando oriento pessoas que parecem ter o hábito de se estressar por pouca coisa, frequentemente peço que explorem e reflitam sobre a seguinte pergunta: "Essa situação vai ter importância amanhã, na semana que vem ou daqui a um ano?".

Pensar nas questões que estão bem à sua frente como essa ajuda a recuperar a perspectiva.

ENTRE EM AÇÃO

Suba no camarote
Imagine que você está no teatro, em pé, diante do palco. Você consegue ver e ouvir todos os pequenos deslizes do elenco e da orquestra. É irritante e distrai sua atenção. Agora, suba até o camarote mais alto da plateia e continue assistindo. Sua vista a partir do balcão lhe dá uma nova perspectiva, fazendo com que assista ao espetáculo em toda a sua glória, sem as pequenas irritações que o distraíam anteriormente. É o mesmo espetáculo, mas dar um passo atrás transformou a sua experiência.

É isso que precisa fazer com as coisas pequenas da vida. Pergunte a si mesmo: "No plano mais amplo, o evento que me irrita é realmente digno do meu tempo e atenção? O trabalho imperfeito que o membro da minha equipe fez é realmente tão ruim? O fato de a reunião ter começado com atraso é um problema tão grande?".

No fim das contas, isso realmente importa?
Se você ainda tem dificuldade para manter as coisas em perspectiva e percebe que está ficando estressado e irritadiço por causa de uma infinidade de coisas, tente se lembrar de que a vida é curta. Em seu leito de morte, não vai se importar com o fato de que João recebeu a promoção que devia ter sido sua ou que a casa recém-pintada do seu vizinho faz com que a sua pareça estar abandonada.

Proteja-se do estresse, da ansiedade e de emoções negativas desnecessárias fazendo o seguinte:
- Ignore as coisas que normalmente o irritariam;
- Deixe que outras pessoas vençam discussões;
- Feche os olhos, conte até dez e pense em coisas que o acalmem;
- Ria de si mesmo por levar as coisas tão a sério;
- Estimule os outros a darem um passo para trás e subirem até seus próprios camarotes.

76

ABRACE A TECNOLOGIA

> *"A tecnologia é a fogueira ao redor da qual nós contamos nossas histórias."*
> Laurie Anderson

O mundo à nossa volta está cada vez mais tecnológico. Coisas que eram consideradas ficção científica há poucos anos fazem parte do nosso dia a dia, como eletrodomésticos ligados à Internet e chamadas de vídeo.

Dominar a tecnologia ajuda você a viver uma vida mais rica e significativa. Isso pode representar desde administrar uma empresa usando o seu notebook ou controlar o sistema de aquecimento da sua casa pelo smartphone. As escolhas e as oportunidades proporcionadas pela tecnologia estão crescendo exponencialmente a cada ano.

Mas a tecnologia tem suas desvantagens. Como escreveu a comediante Carrie Snow, "a tecnologia é esquisita. Ela lhes dá presentes incríveis com uma mão e o apunhala nas costas com a outra". Ela pode frustrar tanto quanto pode libertar. Você não está sozinho se já reclamou da pouca durabilidade da bateria do celular, se precisou redigitar uma longa lista de dados em um formulário on-line ou se já foi vítima de crimes cibernéticos, *malwares* ou vírus. Mas abraçar os benefícios da tecnologia vai aumentar sua eficiência e manter você conectado, informado e bem-sucedido.

> Abraçar os benefícios positivos da tecnologia vai manter você bem-sucedido.

ENTRE EM AÇÃO

Abrace o futuro com uma perspectiva positiva
- Reconheça que você não tem outra escolha além de abraçar a tecnologia. Desde os serviços bancários até as lojas, praticamente

tudo está indo migrando para o ambiente on-line, e isso não é mais simplesmente uma questão de escolha;

• Não sinta que você precisa estar entre as primeiras pessoas que vão comprar e usar todos os aparelhos, aplicativos e novas tecnologias que surgem;

• Entenda e observe o que está disponível e o que cada aparelho ou serviço pode oferecer;

• Interesse-se pelo que é novo, fique de olho nos dispositivos e aplicativos que empolgam as crianças e experimente o novo smartphone daquele seu amigo. Tenha a cabeça aberta e tente compreender o que está disponível e que benefícios as novas tecnologias trazem;

• Faça uma escolha pessoal sobre quais novos aparelhos e soluções você decide adotar. Não siga o rebanho e compre um smartwatch só porque todas as pessoas da sua academia estão usando um desses;

• Use a Internet com sabedoria, tomando o cuidado de se proteger de todas as formas possíveis de crimes cibernéticos. Crimes como esse podem incluir tudo, desde pessoas que roubam seus dados bancários para transações on-line até roubar a sua identidade e se passam por você nas redes sociais;

• Use senhas que não são fáceis de adivinhar em seus aparelhos e em websites que as requeiram.

77

PERSISTA E NÃO DESISTA

> "Nossa maior fraqueza está em desistir. A maneira mais certeira de ter sucesso é sempre tentar apenas mais uma vez."
> *Thomas Edison*

Se você fica feliz em ser um aluno, funcionário, sócio, chefe, atleta ou amigo mediano, então simplesmente faça tanto quanto a maioria das pessoas faz. Passe os olhos pelo texto dos livros, não se incomode em ensaiar a sua apresentação do PowerPoint e faça o mínimo necessário para conseguir viver. A maioria das pessoas desiste com muita facilidade e para de se esforçar após o primeiro treino, a primeira rejeição, fracasso ou decepção.

É fácil demais desistir e encontrar uma desculpa esfarrapada. "Eu poderia conseguir aquele emprego, mas tenho qualificações demais." "Eu ia continuar treinando para a corrida beneficente, mas estou ocupado."

Quando quiser conseguir qualquer coisa em sua vida — especialmente algo que você realmente quer — não pare e nunca desista cedo demais. Você não sabe o quanto a linha de chegada pode estar próxima. Em vez disso, persista; seja a pessoa que faz aquela tentativa extra, que continua em frente independentemente dos outros terem parado de se esforçar. A persistência sempre vai fazer com que você chegue aonde quiser.

> Nunca pare e jamais desista cedo demais.

ENTRE EM AÇÃO

Saiba quando o momento de ceder estiver aparente
Aprenda a detectar quando você estiver chegando naquele momento em

que está prestes a desistir. Nesse momento, você vai precisar "superar" alguma coisa para conseguir continuar e persistir naquilo que está tentando alcançar. Saber quando o momento está chegando significa que você pode estar pronto para enfrentá-lo.

Para persistir, pode ter de superar sentimentos ligados a decepção, dores físicas ou emocionais, o desejo irresistível de se afastar e relaxar, uma necessidade urgente de ser como a maioria das pessoas que já desistiu ou a crença súbita de que é impossível ter sucesso.

Nesse momento, procure seus amigos, colegas de trabalhos ou familiares que não querem que você desista, que vão lembrá-lo da importância de seus sonhos e objetivos.

Não se deixe abalar

Bata o pé e prepare-se para ignorar as vozes — tanto as que existem na sua cabeça quanto aquelas que vêm de pessoas que não lhe dão apoio, dizendo:

- Está de bom tamanho, você já fez o bastante;
- Não é preciso ir além deste ponto;
- Você sempre pode tentar outro dia;
- Você não precisa se destacar e mostrar que é melhor que nós;
- Pare com isso, você já tem sucesso suficiente;
- Por que você tem que se esforçar tanto?

Por mais doloroso que possa parecer, reconhecer que muitas pessoas têm inveja do que você pode conquistar — inveja de alguém que está disposto a persistir e potencialmente brilhar mais ou ter um desempenho melhor. Nunca pare de se esforçar para realizar um sonho baseado no conselho de uma outra pessoa.

78

CUIDADO COM VÍCIOS

> *"Qualquer coisa pela qual você possa ficar obcecado, e da qual você precise tanto que chega ao ponto de deixar de lado sua família, seus amigos, a escola e o trabalho, pode ser um vício. E trocar mensagens pelo celular se encaixa perfeitamente nessa descrição."*
> Dale Archer

Todos nós podemos ser afetados por um vício ou outro durante as nossas vidas. Alguns podem parecer inofensivos, mas outros podem literalmente matar. Carl Jung dizia que todo vício é ruim, não importa se for o álcool, a morfina ou o idealismo. Não sei se isso é verdade, mas sei que é como você vive e trabalha com eles que importa.

Os vícios tradicionais em tabaco e bebida podem estar declinando, mas vícios em tecnologia e na Internet parecem estar crescendo. Você pode ter vivenciado pessoalmente ou observado em outras pessoas uma vasta gama de comportamentos potencialmente viciosos ou obsessivos:
- O workaholic que parece nunca sair da empresa para voltar para casa;
- O viciado em compras que nunca tem dinheiro sobrando no fim do mês;
- O adolescente que passa todo o seu tempo com jogos na Internet;
- A pessoa inteligente que sempre precisa mostrar que é a mais brilhante na sala.

Quais são seus vícios? Os comportamentos viciosos ou compulsivos que você tem afetam sua capacidade de ter sucesso? Mesmo se a resposta for "não", leva algum tempo para pensar em quaisquer hábitos que você tenha que provavelmente cruzaram a linha que os separa de uma obsessão ou real vício.

> Os comportamentos viciosos ou compulsivos afetam sua capacidade de ter sucesso?

ENTRE EM AÇÃO

Admita
Seja honesto consigo mesmo sobre os padrões de comportamento que você tem e o que está fazendo compulsivamente ou obsessivamente. Reserve algum tempo hoje mesmo para fazer uma avaliação pessoal dos seus hábitos e atitudes.

Quando tiver uma lista completa, faça anotações ao lado de cada comportamento, observando como ele impacta a sua vida e afeta:
- Como as outras pessoas o enxergam;
- Sua capacidade de trabalhar bem;
- Seus relacionamentos com outras pessoas;
- Sua saúde;
- Sua capacidade de realizar planos e objetivos futuros.

Agora é a hora da decisão: para você, o quanto é importante superar seu comportamento vicioso ou compulsivo? Os efeitos negativos estão lhe causando dor suficiente para forçá-lo a agir?

Às vezes, a moderação basta
Moderar alguns comportamentos e ações pode ser o bastante para pisar no freio e reduzir a frequência — por exemplo, refrear a sua necessidade de vencer todas as discussões, diminuir a quantidade de bebida alcoólica que você toma ou parar de chorar toda vez que alguém o aborrece.

Procure ajuda
Em relação aos vícios em que não é possível controlar os impulsos, você não vai conseguir se recuperar sozinho. Esses vícios podem ter causas psicológicas profundas e requerem algum tipo de terapia. Por sorte, existem grupos de apoio para todo tipo de vício — jogos de azar, sexo, compras, narcóticos, álcool, abusos nos relacionamentos etc. Muitos são baseados nos grupos dos Alcoólicos Anônimos, com o seu programa de recuperação dividido em doze etapas. Autorreflexão e honestidade fazem parte do processo de cura.

79

PASSE MAIS TEMPO FORA DE CASA, COM A NATUREZA

> *"Observe as profundezas da natureza e você vai entender tudo melhor."*
> Albert Einstein

Um estudo de 2009 publicado no *Journal of Epidemiology and Community Health* mostra que você tem uma probabilidade menor de ficar estressado ou sofrer de ansiedade quando vive ou trabalha perto de áreas verdes. Os japoneses chamam isso de "banho de floresta". Simplesmente fazer caminhadas por bosques ou florestas reduz a pressão arterial e os níveis de estresse. Estar ao ar livre tem vários benefícios:

- A luz natural do sol ajuda a produzir a vitamina D, dá um tom saudável à sua pele e tem impacto positivo em seu comportamento;
- Seus pulmões vão se beneficiar de uma dose de ar fresco e, por sua vez, isso melhora o seu sistema imune;
- Afastar-se de prédios e da tecnologia deixa você mais feliz, em paz e mais centrado também. Trabalhar ou conversar ao lado de uma árvore que pode estar ali há centenas de anos ou diante de um rio pode ser uma experiência muito relaxante.

Passar algum tempo ao ar livre abre sua mente e afia seus pensamentos. Frequentemente oriento clientes enquanto caminhamos por um parque ou ao lado de algum trecho com água em vez de simplesmente ficarmos sentados em uma sala de reuniões ou restaurante. Isso possibilita uma conversa mais aberta e reflexiva, além de estimular o surgimento de insights.

A natureza o lembra de que é importante ser calmo, paciente e dar tempo ao tempo. À sua volta, na natureza, as plantas crescem de maneira lenta, mas constante, conforme as estações passam. Nas palavras do escritor e naturalista norte-americano Hal Borland: "Conhecendo as árvores, entendo o significado da paciência. Conhecendo a grama, consigo perceber o que é a persistência".

> Passar algum tempo ao ar livre abre sua mente e afia seus pensamentos.

ENTRE EM AÇÃO

Esteja em contato com a natureza tanto quanto sua vida permitir. Há muitas maneiras de se fazer isso, e aqui vão três das minhas formas favoritas.

Experimente a jardinagem

Estar em contato com a natureza não envolve fazer um longo percurso de carro, ir até um parque nas redondezas ou trabalhar na sua sacada, com vista para algumas árvores, embora essas atitudes possam ser tão boas quanto.

Uma maneira maravilhosa de estar em contato com a natureza, é cuidar com carinho de um jardim. Pode ser o seu, o de um amigo ou simplesmente alguns vasos de plantas no beiral da sua janela. Não há nada mais revigorante, energizante e curativo do que passar algumas horas por semana cuidando, aguando, removendo ervas daninhas, fazendo compostagem, podando plantas e alimentando pássaros que passem por perto.

Sujar as mãos e sentir a terra é uma das melhores maneiras de se desestressar, de se afastar das dificuldades diárias e de se concentrar no momento presente.

Passe suas férias em contato com a natureza

Tenho uma prima que adora passar as férias em lugares remotos — a ilha de Skye, as ilhas Malvinas, o deserto do Arizona. Ela adora observar pássaros e passar horas sentada com a natureza ao redor. Por que não tentar emulá-la e deixar de lado férias barulhentas em grandes complexos hoteleiros e cidades modernas? Férias no campo podem ser a melhor maneira de se recuperar de doenças físicas, aborrecimentos emocionais, estresse ou infelicidade.

Observe as estrelas

Procure um lugar distante da poluição luminosa, onde você possa observar o universo em toda a sua glória, com a Via Láctea rasgando o céu noturno. Ter um telescópio ajuda, mas não é essencial. A experiência vai enchê-lo de admiração e fazer você lembrar que seus problemas e preocupações são pequenos e insignificantes comparados à imagem que se abre diante dos seus olhos. Não há melhor maneira de colocar as preocupações e os problemas da sua vida em perspectiva do que observar o céu.

80

USE SUA INTELIGÊNCIA COM SABEDORIA

> "Todo mundo é um gênio. Mas, se você julgar um peixe por sua capacidade de subir em árvores, ele vai passar a vida inteira pensando que é um idiota."
> Albert Einstein

Quando se analisa o poder do cérebro, é fácil ser forte em uma área, mas não em outra. Você pode ter um talento incrível para fazer palavras-cruzadas, mas, ao mesmo tempo, achar impossível assimilar as instruções para usar um novo eletrodoméstico; você pode tirar de letra desafios intelectuais no trabalho, mas sofrer para lidar com as perguntas e exigências simultâneas dos seus três filhos em casa.

De acordo com a teoria Cattell-Horn-Carroll (CHC), nossos cérebros têm dez amplas habilidades que, por sua vez, se dividem em setenta habilidades focadas. Essas habilidades variam desde a velocidade com que você processa a informação até a sua capacidade de lidar com informações que não são familiares. Você não precisa dominar todas as setenta para ser uma pessoa de sucesso, e seu desafio não é saber o quanto é inteligente, mas sim que tipos de habilidades intelectuais precisa ter para alcançar o sucesso em diferentes aspectos da sua vida. Você já tem as habilidades de que precisa e sabe como usá-las ou precisa aprendê-las?

Tudo que fazemos requer mais inteligência do que jamais foi preciso. Você não precisa ser a pessoa mais inteligente em tudo, mas desenvolver conscientemente a inteligência em áreas específicas que vão refletir em sua maneira de trabalhar vai trazer dividendos enormes.

> Desenvolva em seu cérebro as habilidades específicas que vão fazer você alcançar o seu próprio sucesso.

ENTRE EM AÇÃO

Desenvolva o que você tem
A chave para o seu sucesso é se concentrar nas forças existentes enquanto desenvolve também aquelas áreas que vão ajudar a conquistar seus objetivos na vida. Pense em seus objetivos e em quais pontos fortes intelectuais seriam mais benéficos para realizá-los. Estabeleça o que você precisa e concentre-se nisso.

Você também pode tentar desenvolver as áreas em que é mais fraco, mesmo que ache que jamais vai precisar dessas habilidades. Uma excelente memória pode não lhe parecer particularmente importante, mas você nunca sabe quando isso poderá ser útil. E pode se divertir ao fazer exercícios para aprimorar a memória.

Reservar tempo para manter uma inteligência diversificada faz maravilhas para a sua moral e autoestima. E também foi demonstrado que isso diminui o risco de doenças cognitivas como a demência e a doença de Alzheimer. Encontre tempo para fazer atividades desafiadoras como completar palavras-cruzadas, outros desafios em papel como Sudoku e jogos como xadrez e gamão. Esteja sempre disposto a aprender coisas novas para manter o seu cérebro regularmente estimulado e desafiado.

Evite sempre a ostentação
Apenas a inteligência não é o bastante, e ser convidado para fazer parte da Sociedade de Alto QI do mundo, Mensa, não é uma garantia de sucesso na vida. Você precisa conseguir aplicar sua inteligência e usá-la bem quando estiver com outras pessoas. É neste momento que você precisa ser esperto e ter uma boa dose de senso comum, além de ter desenvolvido sua inteligência emocional.

Não importa o quanto você aparente ser inteligente ou pense que é; nunca faça os outros se sentirem pequenos ou menos inteligentes do que você. Isso é um abuso da sua habilidade, faz você parecer arrogante, esnobe e condescendente, e faz com que as pessoas se voltem contra você.

81

CONCENTRE-SE NO CARÁTER, NÃO NA POPULARIDADE

> *"Não me importo se as pessoas gostam de mim ou não. Não vim ao mundo para vencer um concurso de popularidade. Estou aqui para ser o melhor ser humano que eu puder."*
> Tab Hunter

Vivemos em uma cultura de "curtidas". O Facebook, o YouTube e o Instagram fizeram com que pessoas adultas desenvolvessem uma obsessão por comentários e curtidas. Estamos mesmo tão desesperados para sermos percebidos e amados por todo mundo à nossa volta? Para quê, exatamente? Esse tipo de popularidade não dura e persegui-la serve simplesmente para afastar você da sua própria felicidade, realização e crescimento. Como disse o jornalista americano Horace Greeley, "a fama é um vapor; a popularidade, um acidente; e as riquezas criam asas. A única coisa que realmente dura é o caráter".

O crescimento de reality-shows que procuram pelo melhor cantor ou dançarinos estimula a ideia de que a popularidade é algo que deve ser buscado por si só. Eles perpetuam a ideia de que é bom ser a pessoa com mais votos, visualizações ou curtidas. Mas a pessoa com cem mil seguidores no Twitter é realmente feliz? Essa popularidade aparente é uma medida verdadeira de quê? Tudo que ela realmente mostra é que muitas pessoas tiveram um interesse passageiro e clicaram no botão "curtir".

No mundo real, quanto tempo a rainha do baile da formatura, o orador da turma ou esportista do ano se sentem realizados, bem-sucedidos e felizes apenas porque ganharam um concurso de popularidade? A atriz Mia Wasikowska acertou em cheio quando disse: "A popularidade é muito inconsistente. Às vezes está lá, outras vezes não. É algo que vai e vem em ondas".

> A única coisa que realmente dura é o caráter.

ENTRE EM AÇÃO

Seja popular consigo mesmo
A única pessoa cuja popularidade você precisa é a sua própria. Aprenda a valorizar, aceitar e amar a si mesmo.

A maneira que você escolhe para se expressar deve respaldar quem você é. Pare de se definir pelo que os outros pensam e dizem a seu respeito. Em vez disso, olhe para dentro de si mesmo e defina-se pelo o que você sente e pensa.

Aprenda a não se preocupar se suas escolhas não forem populares com outras pessoas. Quem é importante em sua vida não vai lhe menosprezar ou parar de gostar de você simplesmente porque você resolveu fazer o que queria — independentemente de ser cobrir as costas com uma tatuagem esquisita, pedir demissão do emprego para buscar um sonho maluco ou parar de usar maquiagem.

Faça a coisa certa, mesmo que seja impopular
Permitir-se fazer algo que possa não ser tão popular e que tenha alguma probabilidade de causar rejeição por parte de outras pessoas não é fácil. Queremos ser amados e aceitos por outras pessoas e, como resultado, ficamos muito relutantes em decepcionar os outros. Quando você escolhe "estar na multidão" e "tornar-se o orgulho da família", do que você está se permitindo abrir mão? Que parte de si mesmo não está expressando? Você não precisa sair com os colegas à noite para beber apenas para sentir-se parte do grupo; não precisa usar roupas elegantes para ajudar a se encaixar bem nos grupos que participa e não precisa imitar as escolhas de outras pessoas na música, na leitura e nos restaurantes.

Começando a partir de hoje, faça escolhas que sejam certas para você para ajudar a realizar seus sonhos e a conquistar seus objetivos da sua vida. Se precisar encarar a vida como um concurso de popularidade, então seja o único juiz desse concurso.

82

DIGA ADEUS A PESSOAS TÓXICAS

> *"Relacionamentos tóxicos não servem apenas para nos deixar infelizes; eles corrompem nossa atitude e disposição de maneiras que destroem relacionamentos mais saudáveis e nos impedem de perceber o quanto as coisas podem ser melhores."*
> Michael Josephson

No *capítulo 38*, falei da necessidade de evitar poluir os ambientes poluídos, mas o maior perigo são as pessoas poluídas. Podem ser seus amigos, familiares ou colegas de trabalho que enchem o ar com negatividade, ceticismo ou inveja, que sempre reclamam e choramingam, mas nunca contribuem. Todos nós podemos ter momentos como esses, mas o que torna alguém tóxico é a persistência em como agem quando está à sua volta.

Você quase certamente já passou por vários destes cenários:
- O colega de trabalho que insiste em sempre ter razão;
- O pai ou a mãe que constantemente o menospreza, pisoteia em seus sonhos e ambições e diz o que você não é capaz de realizar nada na vida;
- O amigo que é desonesto com você;
- A pessoa que sempre quer alguma coisa de você — seu tempo, dinheiro e energia —, mas encontra desculpas para não ajudá-lo quando precisa;
- O amigo que está sempre tentando ditar o que você deve fazer e pensar;
- A pessoa que tem o talento para pressionar a fazer coisas que você não quer fazer.

Oriento uma quantidade enorme de pessoas cujas dificuldades parecem vir apenas do fato de estarem conectadas a indivíduos incrivelmente negativos, maldosos ou amargos. Não é hora de você dizer adeus definitivamente a essas pessoas?

> O maior perigo é ser poluído por pessoas ao seu redor.

ENTRE EM AÇÃO

Hora de acordar

Sempre tentamos ver o bem que existe nas pessoas e racionalizar comportamentos ruins, mas é hora de acordar para a realidade. Em vez de tentar aceitar as pessoas como elas são, concentre-se no que é melhor para você, para a sua sanidade, sua saúde e paz de espírito.

Apenas você pode julgar o quanto os comportamentos das outras pessoas precisam ser tóxicos para decidir se afastar, para impedir que sua vida fique sufocada e envenenada apenas por estar na presença delas. Só você pode decidir quando se afastar, mas aqui vai uma sugestão: agora pode ser um excelente momento.

Responda "não" educadamente

Não se sinta culpado nem sinta a necessidade de justificar sua decisão quando você recusa convites para socializar com um amigo tóxico ou quando evita uma reunião em família. A pessoa tóxica que está evitando nunca vai aceitar que é uma má influência para você. É melhor dizer educadamente que aceitou outro convite em vez de confrontá-la.

Diminua o contato

Há algumas pessoas das quais jamais conseguirá se afastar totalmente, mas você pode limitar sua exposição a influência e energia que elas têm. Evite convidá-las para irem à sua casa e, quando se encontrar com essas pessoas, tente fazer com que o tempo que passarem juntos seja curto. Visite um parente tóxico apenas por algumas horas em vez de passar a noite hospedado na casa dele.

83

APRENDA COM SEUS AVÓS
(ANTES QUE SEJA TARDE DEMAIS)

> *"Todos nós deveríamos ter uma pessoa capaz de nos abençoar, apesar das evidências. A minha avó foi essa pessoa para mim."*
> *Phyllis Theroux*

Se tiver sorte, você tem avós com quem pode passar uma parte do seu tempo e que se importam, amam e orientam você. Avós podem trazer sabedoria, compreensão e aceitação de maneiras mais relevantes para a sua vida do que consiga imaginar. Você tem o DNA deles e compartilha muitos aspectos de suas personalidades, inteligência e ambições. Eles também compreendem seus pais muito bem e podem ajudá-lo a navegar por esses desafios muito mais facilmente.

É impossível enganar seus avós da mesma maneira que você faz com seus amigos, irmãos ou pais. Talvez sejam os anos de experiência e sabedoria acumulada que permitam que seus avós enxerguem por meio das suas justificativas, desculpas e argumentos.

Não importa a idade que tenha, seus avós podem oferecer muitas coisas que as outras pessoas não podem, devido à profunda confiança que geralmente existe entre você e eles. Isso vai ajudá-lo a se abrir, compartilhar e explorar suas ideias, preocupações, medos e sonhos com eles.

> Avós podem trazer sabedoria, compreensão e aceitação.

Como já viveram muitos ciclos da vida, eles podem trazer uma perspectiva diferente sobre relacionamentos, alegrias e tristezas, doenças e mortes, mudanças e recomeços, fracassos e sucessos. E como estão mais calejados e são menos emotivos do que os mais jovens, vão poder ajudar a compreender as oportunidades e desafios da vida.

ENTRE EM AÇÃO

Passe seu tempo com eles

Se possível, faça um esforço para passar um tempo com seus avós. Certifique-se de que tem tempo suficiente para relaxar e ser você mesmo — compartilhar os altos e baixos da sua vida com eles enquanto escuta os pensamentos e as lembranças que seus avós têm.

Considere a possibilidade de fazer uma viagem com um ou mais de seus avós. Certa vez, fiz uma viagem de carro com a minha avó de Yorkshire até o país de Gales — apenas nós dois, visitando os lugares onde ela viveu, conversando com seus antigos vizinhos e indo até a escola onde a minha mãe estudou. Foi uma experiência significativa e que abriu os meus olhos. Coisas como essa podem ajudar a compreender de onde você veio e as experiências que seus pais e os pais deles tiveram durante a vida.

Não somente com os avós

Seus avós podem não estar mais vivos ou podem estar idosos e enfermos demais para que você passe seu tempo com eles. Que tal fazer isso com outros membros mais velhos da família ou parentes que conheceu no decorrer dos anos? Recentemente, me reaproximei de alguns dos poucos irmãos ainda vivos do meu avô paterno. Passar o tempo com eles foi uma experiência incrível, que permitiu que eu compreendesse melhor o meu passado. Com quem você pode se conectar?

Colecione as histórias deles

Pode ser muito gratificante pedir a parentes que compartilhem com você algumas das suas histórias de vida mais bonitas e valiosas. Essas memórias podem lhe dar uma conexão emocional e muito significativa com o passado da sua família. Você pode até mesmo considerar a hipótese de registrar as palavras deles no papel ou em um vídeo. Fazer isso é uma oportunidade que tem de se afastar da correria e do estresse dos dias atuais e simplesmente aproveitar os relatos das experiências das outras pessoas.

TENHA UM CARÁTER SINCERO DO QUAL VOCÊ SE ORGULHE

> "Preocupe-se mais com o seu caráter do que com a sua reputação, porque o seu caráter é aquilo que você realmente é, enquanto sua reputação é meramente o que os outros pensam que você é."
> John Wooden

Quem é você quando ninguém está olhando? Dizem que é possível julgar o verdadeiro caráter pelo o que as pessoas fazem quando não há ninguém por perto.

Nesses momentos, você é uma pessoa generosa, preguiçosa, maldosa, racional, honesta ou esforçada? Você é a mesma pessoa quando está sozinha e acompanhada? Como descreveria o seu caráter — a combinação de seus comportamentos, valores, estilos e mentalidade — quando sabe que não há ninguém observando você?

No decorrer dos meus anos de trabalho, concluí que o nosso verdadeiro caráter pode ser o nosso calcanhar de Aquiles — a coisa que nos faz tropeçar na estrada para o sucesso genuíno. Muitas pessoas passam pela vida escondendo partes de seu caráter da exposição pública.

> Quem é você quando ninguém está olhando?

Não fique surpreso quando, em situações de raiva ou estresse, você percebe a verdadeira personalidade de alguém se revelando e destruindo a imagem cuidadosamente construída que eles vinham exibindo até aquele momento. Cultive um caráter do qual você possa sentir orgulho, de modo que o seu "eu" privado seja o mesmo "eu" que você mostra ao mundo.

ENTRE EM AÇÃO

Comprometa-se a corrigir suas falhas de caráter
A única maneira de viver uma vida de sucesso genuíno é trabalhar em seu caráter, particularmente as áreas que preferiria esconder. Superar ou eliminar falhas em seu caráter não é fácil. Talvez as venha carregando consigo desde a infância e elas já podem estar enraizadas na pessoa que você se tornou.

Se souber com bastante clareza quais são as áreas em que precisa se concentrar, você pode começar imediatamente. Se estiver em dúvida, experimente algumas destas técnicas:

- Comece a observar a si mesmo e a fazer anotações sobre o que vê. Quando se reprime para poder esconder um comportamento? O que o constrange a respeito de si mesmo? O que você não gostaria que um novo chefe, sócio ou colega de trabalho visse você fazendo?;
- Procure a opinião de alguns amigos próximos ou familiares, explorando com eles como você é visto de maneira autêntica e o quanto é consistente em relação aos seus traços de caráter;
- Faça um teste de avaliação da personalidade como o teste de Hogan, uma ferramenta baseada em um questionário que, de acordo com o que dizem, é capaz de revelar o lado sombrio ou obscuro de uma pessoa, especialmente em relação a como você age e é visto pelos outros quando está estressado ou irritado;
- Aprenda com qualquer feedback que possa ter recebido em anos recentes no seu local de trabalho.

Ajude outras pessoas a explorarem suas falhas de caráter
Não faz muito sentido corrigir suas próprias falhas de caráter se você estiver morando e trabalhando com pessoas que constantemente exibem seus traços ruins de personalidade. Enquanto está tentando melhorar seu jeito de ser e agir, pode ser desconfortável conviver com as fraquezas de outras pessoas. Tenha a coragem e as habilidades diplomáticas para informar os outros das falhas que eles têm, mas faça isso com pouca frequência e apenas com aquelas pessoas com quem você realmente se importa.

EXERÇA A GRATIDÃO

> *"Vamos ser gratos às pessoas que nos fazem felizes; são os jardineiros encantadores que fazem com que nossas almas floresçam."*
> Marcel Proust

Pelo que você é grato hoje? Ser grato faz bem para a sua saúde. Em um estudo publicado em 2015, pela Universidade da Califórnia, as pessoas que apresentavam níveis mais altos de gratidão tinham mais qualidade de sono, melhor humor e menos sintomas de falência cardíaca potencial. Estudos anteriores haviam apontado também para maior otimismo e facilidade de fazer novas amizades como resultado de ter mais gratidão como hábito.

Infelizmente, é mais fácil perceber defeitos do que encontrar causas para sentir gratidão. Perder de vista a perspectiva mais ampla em favor de algum detalhe inconveniente se tornou o comportamento padrão para muitas pessoas. Se alguma vez você ouviu um paciente que acabou de receber alta de uma internação hospitalar reclamar do tempo que levou para ser tratado e da qualidade da comida do hospital em vez de agradecer o fato de que está segura, bem e que sua doença foi curada, você entende isso muito bem.

> Seja grato e demonstre o reconhecimento com sinceridade.

Nós perdemos a habilidade de demonstrar gratidão. Talvez estejamos ocupados demais e mais atarefados com nossas próprias vidas. A Internet certamente encorajou todo mundo a alimentar expectativas em relação àquilo que temos direito ou a quais devem ser essas expectativas. O resultado disso tudo é que nos queixamos, em vez de sermos gratos.

Se você realmente quer se destacar e ter sucesso, comece simplesmente sendo grato e demonstrando o reconhecimento com sinceridade.

ENTRE EM AÇÃO

Permita-se demonstrar gratidão o tempo todo
Isso pode exigir uma ligeira mudança de mentalidade, mas, a partir de hoje, tente viver cada dia com a perspectiva de que "o copo está cheio", sempre procurando agradecer aos outros e sentir-se agradecido por dentro. Tente colocar conscientemente a gratidão e o reconhecimento à frente das críticas. Pessoas graciosas e empáticas não têm a menor dificuldade em demonstrar gratidão para os outros e em não se concentrar em serem críticas. Se isso for difícil para você, olhe à sua volta e busque inspiração — há alguém que parece demonstrar gratidão sem qualquer esforço ou sem fazer perguntas?

Identifique a quem você é grato
Explore quem mereceu sua gratidão fazendo a seguinte pergunta: "Pelo que, exatamente, sou grato em minha vida?". Faça uma lista com as coisas pelas quais você é grato e de pessoas que fizeram por merecer sua gratidão. Os nomes na sua lista podem ser óbvios e provavelmente vão incluir seus pais, sua esposa ou marido e outros familiares, mas podem também trazer consigo algumas boas surpresas.

Seja criativo nas suas demonstrações de gratidão. Faça com que seus pensamentos sejam seguidos por ações e palavras.

Tenha um diário da gratidão
Escreva, a cada dia, algumas coisas pelas quais você se sente grato. Não importa o quanto sejam grandes ou inconsequentes, basta manter um registro de todas elas em um diário da gratidão. Junto de cada uma, anote quem você já agradeceu ou ainda vai agradecer, e como.

86

CONCENTRE-SE EM NOTÍCIAS BOAS

"Notícias ruins vendem porque, inconscientemente, sempre procuramos por algo para temer."
Peter Diamandis

O mundo está cheio de más notícias, e o jeito que você lida com elas é crítico para o seu estado mental. Para muitas pessoas, a solução é simplesmente evitá-las. Há muitos que decidem não ler jornais ou assistir a noticiários para evitar toda a negatividade e o medo que são criados. À primeira vista, isso parece a solução ideal, mas, além de isolar você do que está acontecendo no mundo, há outras implicações. O lado positivo das más notícias e eventos é que confrontá-los pode ajudar a desenvolver sua compaixão e noção do que é certo e errado. Você pode até mesmo decidir tornar o mundo um lugar melhor ao fazer algo positivo para contrabalançar as notícias ruins.

Seu maior desafio é evitar que a negatividade o decepcione, deprima e roube a sua energia. Uma artilharia constante de negatividade externa pode fazer com que pare de acreditar que seus sonhos e objetivos podem ser alcançados e que você merece realizá-los. Nunca permita que notícias ruins sejam uma desculpa para parar de buscar o sucesso na vida e sentir que você merece uma vida excelente.

> Nunca permita que notícias ruins sejam uma desculpa para parar de buscar o sucesso na vida.

ENTRE EM AÇÃO

Ajude-se a continuar agindo positivamente
Mude o seu foco para notícias mais positivas: para cada notícia ruim que você consumir, tente encontrar pelo menos uma boa notícia para

contrabalançá-la. Há muitos sites dedicados a espalhar notícias positivas que podem ser bem divertidos de ler. Não seja como o avestruz que vive com a cabeça enterrada na areia. Dê a si mesmo evidências diárias de que há coisas boas acontecendo no mundo também. Informe-se sobre os eventos mundiais e saiba o que está acontecendo em sua cidade, mas não fique remoendo as histórias negativas a ponto de se tornar uma pessoa temerosa, irritadiça, cínica e incapaz de se concentrar positivamente no que está fazendo.

Mude o rumo da conversa
É fácil que conversas fiquem travadas em tópicos irritantes ou deprimentes, particularmente quando o assunto são as notícias do dia. Não tenha receio de ser a pessoa que vai dar um passo à frente, dizendo: "Já não discutimos bastante esse assunto deprimente? Que tal falarmos sobre outra coisa?" ou "Acho que já esgotamos esse tópico. Que outras coisas interessantes estão acontecendo"?

Provavelmente vai ser um alívio para a maioria das pessoas ao seu redor que alguém teve a coragem de mudar de assunto. Apesar do que as empresas jornalísticas e editores de noticiários televisivos pensam, a maioria das pessoas não gosta de se concentrar em notícias negativas ou ruins.

O SUCESSO GENUÍNO NÃO PODE SER FINGIDO

> *"Somos o que fingimos ser, então devemos ter cuidado com o que fingimos ser."*
> *Kurt Vonnegut*

Todos nós fingimos, seja em maior ou menor grau. Fingimos que estamos felizes, que as coisas estão sob controle, que estamos apaixonados, em boas condições financeiras ou simplesmente que tudo está bem. É difícil saber o que é real e o que é faz-de-conta em épocas em que todo mundo projeta uma imagem tão maravilhosa de si mesmos. Você pode ver isso em postagens nas redes sociais, em pessoas que vivem além de suas possibilidades financeiras e que acumulam débitos de cartão de crédito e em nossas conversas em que dizemos que estamos ótimos e que tudo vai bem.

Já vi pessoas passarem anos dando a impressão de sucesso material quando, por trás da máscara, estão à beira da falência e encarando dívidas pessoais enormes. Trabalhei com um astro em ascensão que recentemente havia sido promovido e sempre dava a impressão de ser empolgado, positivo e ambicioso antes de revelar o quanto odiava a sua carreira, as longas horas na empresa e de fingir gostar das expectativas que acompanhavam o seu salário.

A verdade é que é fácil enganar as outras pessoas — com um sorriso, um belo terno, férias em lugares bacanas, elogiar aquilo que você tem —, mas não é possível enganar a si mesmo. O sucesso genuíno significa realizar seus sonhos, paixões e objetivos de vida. Fingir que tudo está bem quando isso não acontece é viver uma mentira. Suas verdadeiras emoções, necessidades e ambições vão se revelar em algum momento, não importa o quanto você as esconda — e não vai ser uma cena bonita. Tome cuidado.

> Suas verdadeiras emoções, necessidades e
> ambições vão se revelar em algum momento,
> não importa o quanto as esconda.

ENTRE EM AÇÃO

Seja honesto

Nas palavras do poeta e fotógrafo Tyler Knott Gregson, seja alguém que pode dizer com toda a autoconfiança "eu prefiro exibir lágrimas sinceras do que o mais lindo sorriso fajuto". Seu desafio é se desapegar da noção moderna de que pode ter toda e qualquer coisa com que sempre sonhou. Afaste-se de uma vida com vários cartões de crédito usados até o limite, currículos cheios de informações falsas, diplomas falsos e de fingir que tudo está bem para as outras pessoas.

Aceite que a vida é uma jornada e que a sua estrada para o sucesso, por qualquer rota, leva tempo. Permita-se a possibilidade de não ter mais que fingir para a sua família, amigos e colegas de trabalho que você é uma pessoa bem-sucedida quando sabe que ainda tem um longo caminho pela frente.

Você pode fingir um pouco

Há uma área na sua vida em que não há problemas em fingir, e essa área envolve a sua postura e o seu jeito de pensar. Fingir, quando você quer mudar comportamentos, é algo aceitável. Praticar o que você quer se tornar, ou fingir até conseguir, é uma maneira positiva e bem-sucedida de ajudar a alterar algum aspecto de sua personalidade e postura.

88

ENVELHEÇA SEM MEDO

> "Aos vinte anos, nos preocupamos com o que os outros pensam sobre nós. Aos quarenta, não nos importamos com o que pensam sobre nós. Aos sessenta, descobrimos que eles não estavam pensando em nós."
> *Ann Landers*

Você nunca está velho demais para buscar mais um objetivo, sonhar um novo sonho ou fazer alguma loucura em relação aos seus desejos. De que outra maneira pode dizer que viveu uma vida de sucesso se não pode usar sua liberdade para ser você mesmo?

Há uma coisa bonita em envelhecer: é o momento em que você percebe que não há ninguém a cujas expectativas e normas você ainda deve obedecer. Uma vez que descubra isso, jamais vai dizer "estou velho demais para isso" outra vez. Envelhecer reduz sua necessidade de se conformar e impressionar pessoas. Quando você é mais jovem, pode ter filhos que precise criar, um emprego para manter e um financiamento de imóvel para pagar. Conforme essas responsabilidades se dissipam, fica livre para conseguir expressar quem realmente é.

> Você nunca está velho demais para buscar mais um objetivo.

É maravilhoso questionar o que o impede de fazer e ser o que realmente quer, e pode ser libertador antever uma época em que você não vai se sentir restrito pelas expectativas dos outros. Saber disso pode ajudar a desfrutar de um pouco dessa liberdade, mesmo em períodos mais jovens da vida. A vida é curta demais para viver de acordo com as perspectivas cuidadosamente planejadas que as outras pessoas têm de como você deveria ser. O momento de viver verdadeiramente a vida é enquanto você ainda tem a energia, saúde e riqueza. Se não for agora, então quando será?

ENTRE EM AÇÃO

Pare de se reprimir
Que hobbies, paixões e desejos você se permitiu deixar no fundo da gaveta enquanto se ocupava em ter uma carreira, uma família e uma casa própria? Abra a gaveta, tire a poeira e as teias de aranha. Permita-se reconectar com aqueles aspectos loucos e fantásticos do seu "eu". Pode ser aquela curiosidade infantil, a alegria de cantar, o amor pela dança ou uma paixão por experimentar coisas novas. Quem se importa com a idade que você tem?

Seja honesto e franco
Você não precisa justificar suas escolhas. Não importa se as pessoas rirem do traje de banho que escolher para ir à praia ou do seu amor por música eletrônica. Você não precisa da permissão nem do apoio de ninguém para curtir suas escolhas. Seus amigos e familiares podem achar que você enlouqueceu. Seja honesto e diga a eles que está realizando seus sonhos e desejos. Não permita que ninguém faça você sentir vergonha ou culpa. Tenha orgulho de quem você é.

RESPIRE BEM

> *"Pois respirar é viver, e se você respirar bem, terá uma vida longa."*
> **Provérbio sânscrito**

Quando foi a última vez que você pensou na sua respiração? Provavelmente não se lembra, mas é a coisa mais importante que você faz na vida; caso contrário, não estaria aqui por muito tempo. Você respira de maneiras diferentes, dependendo do que está pensando, fazendo ou vivenciando. Quando está estressado, ansioso, receoso ou preocupado, sua respiração fica mais rápida, mais curta e ruidosa. Por outro lado, quando está relaxado, pode nem perceber que está respirando, com pulmões que trabalham devagar e silenciosamente.

Assim como as circunstâncias podem afetar sua respiração, ela também influencia e transforma você. Não é coincidência o fato de que dizemos a alguém que está em pânico para "respirar fundo". Respirar corretamente pode melhorar o seu bem-estar físico e mental de muitas maneiras. Há inúmeros estudos sobre os benefícios da respiração correta, que concluíram que respirar bem pode trazer os seguintes benefícios:

- Relaxa a tensão e faz você se sentir melhor e mais feliz pela liberação de substâncias neuroquímicas;
- Fortalece o seu coração e o seu sistema imune, ajuda a remover toxinas e deixa você mais energizado pela maior quantidade de oxigênio que flui pelo seu corpo;
- Melhora várias funções corporais e dos órgãos, incluindo o sistema nervoso, a qualidade do sangue, da digestão e dos pulmões.

> Sua respiração influencia e transforma você.

Quem pensaria que concentrar sua atenção em algo tão natural quanto a respiração poderia ter benefícios tão profundos?

ENTRE EM AÇÃO

Pratique a respiração profunda

Comece a observar como você respira e como sua respiração muda durante o dia. Você respira pela boca, pelo nariz ou uma combinação de ambos? Você percebe mudanças na velocidade da respiração dependendo de como se sente e do que está fazendo? Com qual frequência respira fundo?

Mesmo quando está totalmente relaxado e tranquilo, seu corpo pode não respirar muito profundamente — particularmente se a sua respiração for habitualmente curta e rápida. Esse tipo de respiração é um sintoma comum do mundo acelerado e estressante, com toda a sua correria e atividades ininterruptas. Respirar fundo é a melhor maneira de respirar, mas requer concentração e prática. É interessante perceber que desde a época da Grécia antiga os médicos aconselham seus pacientes a praticar a respiração profunda.

Eis aqui como fazer:
- Respire devagar e calmamente, usando o nariz para inalar e a boca para exalar;
- Inspire lentamente durante cinco segundos, imaginando que, enquanto inala o ar, você está enchendo a barriga, não somente os pulmões;
- Prenda a respiração por quatro segundos antes de exalar.

Sempre que perceber conscientemente a sua respiração, repita esse exercício. Com o passar do tempo, vai perceber que começa a respirar desse jeito mesmo quando não está fazendo isso de maneira consciente.

Busque ares limpos

Não é preciso dizer que, mesmo que respire muito bem, você vai acabar se prejudicando se o ar que você inala estiver sujo e insalubre. Se mora e trabalha em lugares com ar poluído, considere seriamente a possibilidade de se mudar para outra área. Nas palavras do autor Edward Abbey, procure "respirar fundo aquele ar doce e lúcido" em vez de um ar viciado ou cheio de partículas ou gases nocivos.

90

VIAJE A LUGARES DISTANTES

> *"Talvez viajar não impeça o preconceito, mas se demonstrarmos que todas as pessoas choram, riem, comem, preocupam-se e morrem, isso pode trazer a ideia de que, se tentarmos compreender uns aos outros, podemos até mesmo nos tornar amigos."*
> *Maya Angelou*

Meu avô costumava me estimular a viajar pelo mundo dizendo: "Viajar é a única coisa que você pode comprar que vai realmente torná-lo mais rico". Deixar o conforto do seu ambiente familiar pode ser uma das experiências mais reveladoras da sua vida. Há algo mágico na combinação da liberdade das tarefas do dia a dia e na exposição ao que é novo.

Viajar pode ser a melhor maneira de abrir seu coração e a cabeça. Alguns dias ou semanas em uma cidade podem lhe mostrar como outras pessoas vivem, veem o mundo e enfrentam os problemas em sua vida. É uma oportunidade para se tornar alguém mais compassivo, compreensivo e talvez com uma mente mais aberta. O simples ato de caminhar por uma parte mais pobre do mundo vai lembrá-lo da sorte e da felicidade que você tem; visitar o Oriente Médio vai lhe dar uma nova perspectiva sobre os conflitos e as crises de refugiados que existem ali, por exemplo.

Há um belo provérbio mouro que diz: "Quem não viaja não conhece o valor dos homens". Isso é uma grande verdade. Você pode não ter condições de viajar a partes distantes do globo; apenas alguns de nós podem dispor de tempo e dinheiro para pegar um avião rumo a continentes distantes —, mas viaje para onde puder e sempre que puder, e você vai se sentir enriquecido pela experiência.

> Viaje para onde puder e sempre que puder, e você vai se sentir enriquecido pela experiência.

ENTRE EM AÇÃO

Viaje tanto quanto puder
Tire o máximo de folgas que puder e, definitivamente, nunca chegue ao fim do ano com alguns dias de férias em crédito.

Use suas férias para alimentar a sua imaginação e para se maravilhar. Vá a novos lugares, mesmo que seja um percurso de uma hora de carro ou um voo de dez horas. Se estiver indeciso entre gastar seu dinheiro em coisas ou em uma viagem, escolha a viagem.

Planeje para onde você gostaria de ir. Abra um atlas e explore. Siga seus interesses e curiosidades. Se quiser saber mais sobre o aquecimento global, vá visitar as geleiras da Groenlândia ou algumas das ilhas mais baixas das Maldivas.

Respeite e aprenda com outras culturas
Viaje com o objetivo de se conectar com as pessoas, a comida e a cultura do local escolhido. Viaje com o objetivo de vivenciar coisas novas e inesperadas. Conheça novas maneiras de pensar e de viver. Quando viajar por países mais pobres, esteja com pessoas menos afortunadas que você e aprenda como elas vivem.

ESCREVA UM DIÁRIO

> *"Meu diário é um armazém, uma caixa-forte para tudo que há na minha vida diária; as histórias que ouço, as pessoas com quem converso, as citações de que gosto e até mesmo os símbolos e sinais sutis que encontro e que conversam comigo indiretamente."*
> *Dorothy Seyler*

Registrar seus pensamentos e experiências pode ser bom para a sua saúde. Há cada vez mais evidências que sugerem que escrever o cotidiano contribui para fortalecer seu sistema imune, mas, indiferente de outros benefícios à saúde, manter um registro ou um blog de eventos diários ou semanais é uma maneira realmente saudável de:

- Registrar o que você vem fazendo e dizendo e compreender tudo que está ali para saber o que é mais importante;
- Refletir sobre seus pensamentos, sonhos, esperanças, medos, experiências, sentimentos e opiniões, além das mudanças pelas quais eles passam;
- Criar soluções para decisões e escolhas com que você se depara;
- Planejar o que vem pela frente com mais clareza e sensatez;
- Desenvolver um relacionamento sensato e reflexivo com sua mente, de modo que você possa se conhecer melhor — seus pontos fracos, sonhos, objetivos, medos e desafios.

> Registrar seus pensamentos e experiências diários pode ser bom para a sua saúde.

Você pode escolher se o seu diário será aberto ao público ou se será particular, mas mantenha sempre uma parte dele apenas para você. Isso permite que seja extremamente honesto, franco e revelador, garantindo-lhe explorar seus sentimentos, preocupações e desejos mais íntimos sem medo de comentários ou julgamentos.

ENTRE EM AÇÃO

Comece a escrever um diário
Não precisa ser algo que tome uma grande quantidade do seu tempo. Apenas quinze ou vinte minutos por dia são suficientes para começar a registrar seus pensamentos em um diário com eficácia. E lembre-se de que não há regras. Basta escrever seus pensamentos mais íntimos e tentar não se censurar.

Desenvolva seu próprio estilo
Se você já escreve um diário, um caderno ou faz qualquer tipo de registro por escrito, abra-se à possibilidade de anotar seus pensamentos, sentimentos e experiências de maneiras novas e criativas:
- Em vez de escrever em tópicos ou em um estilo dissertativo, experimente desenhar mapas mentais em que você conecta ideias usando frases e palavras-chave;
- Colecione artigos de jornal ou revista e fotos que causaram impacto em você e registre como se sentiu naquele momento;
- Colecione fotos em vez de palavras se preferir, e use seu diário para criar colagens e composições;
- Não sinta a necessidade de seguir o formato convencional de um diário. Tente usar um caderno onde você guarda seus pensamentos por tema: uma parte pode se concentrar nas reflexões sobre seu trabalho e carreira, outra em seus objetivos financeiros e uma terceira, em seus relacionamentos;
- Inclua páginas escritas por amigos e parentes. Peça-lhes para completar uma folha com o título "Meus pensamentos de hoje".

Use a tecnologia
- Tenha um blog para colecionar fotos, citações e pensamentos;
- Faça áudios e vídeos para capturar sua vida e seus sonhos;
- Use páginas de redes sociais para compartilhar postagens selecionadas com amigos ou com um círculo mais amplo de pessoas.

92

PERCA-SE... E ENCONTRE-SE NOVAMENTE

> *"Quando me sinto perdida e não consigo tomar uma decisão, eu simplesmente paro e fico em silêncio. Dou um tempo para mim mesma."*
> *Kim Cattrall*

Todos nós já enfrentamos momentos em que nos sentimos perdidos. Conforme você passa por diferentes estágios da vida, pode parecer que não sabe mais para onde está indo ou o que está fazendo. É um momento assustador sentir subitamente que você não tem a menor noção de para onde a vida o leva. Isso pode atingi-lo em épocas diferentes e de maneiras diferentes — na adolescência, no casamento, no novo emprego, na meia-idade, quando é demitido, quando se divorcia, quando seus filhos saem de casa, quando alguém falece ou quando você se aposenta.

Nessas horas, é bem comum sentir-se perdido. Você pode ter a sensação de que a sua vida está à deriva, que não tem um propósito ou que está tão sobrecarregado pelas atribuições do dia a dia que não consegue pensar direito. Perceber que isso é normal e que você não está sozinho é importante. O autor Henry Thoreau escreveu que "é somente quando estamos perdidos que começamos a compreender quem somos". Não há problema em sentir-se perdido. É simplesmente a sua mente avisando que precisa parar e reunir informações para decidir o que vem a seguir. É uma espécie de mecanismo de parada de emergência para quando a vida sobrecarrega a sua capacidade de lidar com todos esses fatores.

Para a maioria das pessoas, é um estado temporário antes que consigam encontrar o caminho de volta até o seu "eu" verdadeiro. Para outras, a questão pode ser mais profunda e desconcertante, e é importante perceber se você precisa de ajuda e procurar por apoio antes que a sua saúde mental seja afetada.

> Não há problema em sentir-se perdido.

ENTRE EM AÇÃO

Aperte o botão de pausa
A reação habitual quando nos sentimos perdidos é tentarmos preencher o vazio fazendo alguma coisa. Como o doutor Rollo May diz, "é um hábito irônico dos seres humanos tentar correr mais rápido quando percebe que não tem uma direção clara a seguir". Detestamos não saber e não fazer, e frequentemente voltamos ao padrão inicial: fazemos escolhas rapidamente, escolhemos soluções e executamos ações — qualquer ação. Na realidade, a melhor coisa a se fazer é apertar o botão de pausa. Pausar impede o seu cérebro de cuspir dezenas de soluções diferentes, cenários, medos e preocupações sobre você. Esse é um momento importante em sua vida para respirar bem fundo. Inclusive, respire fundo tantas vezes quanto for preciso para conseguir passar por essa situação.

Faça algumas perguntas fundamentais para você mesmo
Enquanto seu botão de pausa está pressionado, faça algumas perguntas importantes:
- "Por que estou me sentindo desse jeito?";
- "O que realmente mudou que está fazendo com que eu me sinta perdido?";
- "O que realmente preciso fazer agora?";
- "Quais são minhas opções para seguir em frente?";
- "Em qual (ou quais) gostaria de me concentrar?".

Não existe uma solução rápida. Você pode passar dias ou até meses explorando essas perguntas e permitindo que suas respostas evoluam. Quando se sentir pronto, estabeleça algumas ações e objetivos de maneira calma e racional. Não é preciso que sejam grandes objetivos de vida, apenas algumas ações sensatas que vão alinhá-lo à direção que você deseja seguir.

93

FAÇA PLANOS PARA O FUTURO

> *"Espere o melhor, planeje-se para o pior e prepare-se para ser surpreendido."*
> Denis Waitley

Você gosta de planos detalhados ou prefere espontaneidade? Com pequenas questões da vida, você pode passar sem planejar e sem sofrer consequências sérias, tendo apenas algumas inconveniências, como esquecer-se de levar um guarda-chuva em um dia de temporal. Mas, com decisões mais importantes, você precisa planejar mais.

Na realidade, todos nós fazemos os dois tipos, mas cada um tem sua preferência natural em ser orientado por planos ou orientado por ações. O sucesso é uma questão de alcançar o equilíbrio. Você precisa trilhar um caminho entre:

- Aproveitar oportunidades que cruzam o seu caminho e avançar positivamente;
- Considerar quaisquer desvantagens possíveis e fazer planos de contingência adequados.

> É a combinação de planejamento e espontaneidade que traz o sucesso.

Não existe um equilíbrio perfeito. Um dia você pode estar se sentindo mais ousado e otimista, e em outro mais cauteloso e avesso a riscos.

Uma coisa é certa: é a combinação de ambos que traz o sucesso. Ao se planejar com antecedência, pensar em seus objetivos e definir prioridades, você estará em uma posição melhor para agir quando o momento chegar.

ENTRE EM AÇÃO

Desenvolva o hábito de planejar
Qualquer que seja a sua atividade, pense um pouco no que poderia dar errado e nas possíveis consequências. Quando você entrar em qualquer tipo de acordo, tenha uma ideia do seu plano de saída — o que você pode fazer se as coisas não funcionarem como deveriam. Mas lembre-se de que alguns dos momentos mais empolgantes e memoráveis da vida não podem ter planos de contingência. Você simplesmente tem de se permitir dar um salto de fé e seguir sua intuição, instinto e alma ou ouvir o coração.

Planeje-se para o pior
Em algum momento da sua vida, você vai precisar pensar sobre o que vai acontecer quando ficar doente e morrer, e o que fazer para que as coisas aconteçam da maneira mais fácil possível para as pessoas que deixar. A solução é simples:
- Ajude seus dependentes a entenderem suas finanças — onde a documentação fica guardada, como usar suas contas bancárias, e assim por diante;
- Prepare e compartilhe uma carta de intenções e um testamento;
- Faça um seguro de vida;
- Faça outros seguros — para a sua casa, para viagens e emergências médicas.

94

CRIE UMA LISTA DE DESEJOS E REALIZE UM POR UM

> *"Algum dia você vai acordar e não haverá mais tempo para fazer as coisas que você sempre quis. Faça agora."*
> Paulo Coelho

O que você quer fazer antes de morrer? O site BucketList fez uma pesquisa e perguntou às pessoas quais eram seus dez principais desejos, e conseguiu alguns resultados interessantes. Os dez desejos mais citados foram os seguintes:

- Ver a aurora boreal;
- Pular de paraquedas;
- Fazer uma tatuagem;
- Nadar com golfinhos;
- Fazer um cruzeiro;
- Casar-se;
- Correr uma maratona;
- Deslizar em uma tirolesa;
- Andar em um elefante;
- Fazer aulas de mergulho.

O que se destaca nessa lista é a importância de experiências sobre coisas. Certo, algumas dessas experiências custam um bom dinheiro, mas a maioria delas pode ser realizada. Você quer correr uma maratona? O que o impede de calçar seus tênis amanhã e começar a treinar?

A maioria de nós é desprendida e provavelmente passaria a vida inteira ajudando outras pessoas a realizarem seus desejos e sonhos, frequentemente às custas das nossas próprias ambições. Seu foco pode estar nos seus próprios filhos e se estender a pais, sobrinhas, sobrinhos, amigos e pessoas que precisam de ajuda por meio de trabalho beneficente. Todas essas coisas são importantes, mas você tem que encontrar tempo para si mesmo também; assim será possível começar a concretizar os sonhos ainda não realizados que estão na sua lista.

O filme *Um Sonho de Liberdade* tem uma frase clássica: "Acho que tudo isso se resume a uma escolha realmente simples. Ocupe-se com a vida ou ocupe-se em morrer". Não é hora de você começar a se ocupar com a realização dos desejos que estão na sua própria lista?

> Ocupe-se com a realização dos desejos da sua própria lista.

ENTRE EM AÇÃO

Crie a sua lista de desejos
Não é tão difícil. Pegue uma caneta e anote seus dez maiores desejos. Quais são as dez principais coisas que você quer fazer antes de deixar o planeta?

Por que não criar uma lista coletiva de desejos para você e seus entes queridos? Pode ser divertido conversar sobre sonhos e objetivos compartilhados — e ainda mais divertido trabalhar para realizá-los. Planeje a sua próxima viagem em família!

Compartilhe a sua lista de maneira mais ampla
Tornar pública a sua lista de desejos lhe dá um incentivo a mais para completá-la. Existem sites em que você pode compartilhar sua própria lista, além de explorar o que outras pessoas querem fazer.

Surpreenda as pessoas
Se você foi uma pessoa bem-afortunada na vida e já realizou a maior parte da sua lista, que tal ajudar outras pessoas a realizarem seus desejos? Há uma grande quantidade de entidades beneficentes que podem ajudar a levantar dinheiro, além de contribuições para fazer com que crianças com doenças terminais possam realizar seus sonhos.

95

AJUDE A SUSTENTAR O PLANETA

> *"Quando a história desta era for escrita, queremos que ela diga que fizemos tudo que foi possível, e que foi mais do que qualquer pessoa poderia ter imaginado."*
> *Bono Vox*

Há uma crença cada vez maior que o nosso planeta está chegando ao ponto em que uma mudança ecológica será irreversível. Mesmo que esse cenário extremo não seja verdade, você deve ter a noção de que algumas coisas estão mudando:

- Estima-se que a cada ano a população descarte entre quinhentos bilhões e um trilhão de sacolas plásticas, e a maioria leva séculos para se decompor;
- As florestas tropicais estão sendo destruídas a uma taxa equivalente ao tamanho de cem mil campos de futebol a cada dia;
- Um estudo sugere que, somente nos Estados Unidos, cerca de 40% de todos os lagos estão poluídos demais para abrigar vida aquática ou para que possamos nadar neles;
- O World Wildlife Fund diz que as espécies de animais e plantas estão se extinguindo a uma taxa de mil a dez mil vezes maior do que o ritmo natural de extinção;
- Mais de um bilhão de pessoas não têm acesso à água potável;
- Em 2030, a previsão é que o número de carros em todo o planeta tenha dobrado.

Estamos em um momento em que não fazer nada não é uma opção possível. Se nada for feito, as mudanças globais sem precedentes que estamos enfrentando farão com que seja impossível para que as gerações futuras desfrutarem do estilo de vida ao qual nos acostumamos.

Você realmente é capaz de se sentir satisfeito com o próprio sucesso se o meio-ambiente à sua volta estiver sofrendo?

> Estamos em um momento em que não fazer nada não é uma opção possível.

ENTRE EM AÇÃO

Viva de maneira mais sustentável
Há um belo provérbio das tribos nativas americanas que diz que nós não herdamos a Terra dos nossos antepassados, mas a tomamos emprestada de nossos filhos. Todos os dias você causa um impacto no ambiente à sua volta. O que decide fazer ou não fazer influencia o planeta, mesmo que pareça algo pequeno e insignificante. Que diferença você está disposto a fazer na maneira que vive? Por que não começar com as seguintes ideias:

- Minimize o que você joga fora. Um bom lugar para começar é a cozinha. Compre e consuma menos para evitar contribuir com os milhões de toneladas de alimento que descartamos a cada dia. Crie compostagens usando os restos de comida e evite acumular sacolas plásticas quando fizer compras;
- Toda vez que comprar coisas novas para a sua casa, doe algo para bazares beneficentes;
- Invista tempo na limpeza do meio-ambiente, participando de grupos que limpam praias ou parques, por exemplo;
- Seja mais sustentável na maneira como você vive e viaja. Troque de carro por um modelo híbrido, caminhe, pedale mais e use o transporte público quando for possível. Invista em painéis solares para sua casa e transforme-a em um lar com eficiência de energia. Comece a calcular sua própria pegada de carbono.

96

CONECTE-SE COM ALGO MAIOR DO QUE VOCÊ

> *"Não sei qual será o seu destino, mas de uma coisa eu sei: os únicos entre vocês que serão realmente felizes são aqueles que buscarem e descobrirem como servir."*
> Albert Schweitzer

Conectar-se com algo maior do que você faz bem para a sua saúde mental e vai torná-lo uma pessoa mais feliz. O fundador da área da psicologia positiva, Martin Seligman, identificou isso como algo vital para o bem-estar da pessoa. Com o que você se conecta? Você:
- Segue alguma religião?
- Tem opiniões fortes sobre a natureza e a Terra?
- Trabalha por uma instituição beneficente ou comunidade a fim de melhorar a vida de um grupo específico de pessoas?
- Toma atitudes e luta por alguma causa política como os direitos das mulheres, o fim do racismo ou salvar um monumento de um bairro de ser demolido?
- Simplesmente se concentra em dar à sua família tanto tempo, amor e recursos quanto possível para fazer com que vivam bem?

> Conectar-se com algo maior do que você faz bem para a sua saúde mental e vai torná-lo uma pessoa mais feliz.

Você pode não participar ativamente de nada, mas, na verdade, todos nós queremos ser parte de algo maior do que nós mesmos. Concentrar-se apenas em você o afasta de outras coisas e pessoas.

Quando presto serviços de coaching para líderes ambiciosos e com vidas bastante ocupadas, frequentemente os ajudo a tirar conclusões similares quando eles percebem que realizar seus próprios sonhos materiais e de carreira é só uma pequena parte do que realmente querem fazer com seu tempo.

ENTRE EM AÇÃO

Não sabe onde se concentrar?
Para usar seu tempo e sua capacidade de trabalho de forma significativa, faça algumas perguntas para si mesmo:
- "Quando olho ao meu redor, o que mais desperta a minha paixão?";
- "Além de mim mesmo e dos meus familiares mais próximos, o que mais interessa para mim na vida?";
- "Se eu pudesse mudar uma coisa no mundo, o que seria?".

Não existem respostas certas ou erradas. Você não tem que fazer nada em particular. Não se sinta culpado se não tiver o desejo de mudar o mundo ou de angariar milhões para uma instituição beneficente em particular. Faça aquilo que for real e autêntico para você, e aquilo que lhe traz felicidade e um sentimento de realização.

É bom para você
Quanto mais se dedicar a coisas que são maiores do que você, mais significado vai encontrar na vida. Você pode sentir o desejo de dizer que está ocupado demais para isso, mas, ironicamente, as pessoas mais ocupadas frequentemente são aquelas que encontram mais tempo para ajudar e apoiar os outros. Para parafrasear o ex-presidente norte-americano Theodore Roosevelt: "Faça simplesmente o que você puder, sempre que puder".

DESAPRENDA TUDO

> *"Antes que as pessoas possam aprender algo novo, elas têm de deixar de ser quem eram e desaprender o que sabiam."*
> William Bridges

Estima-se que 40% do conhecimento que você adquire na faculdade estará defasado depois de uma década. Uma grande parte da minha atividade como coaching envolve ajudar meus clientes a extrair o melhor de si mesmos no mundo de hoje, em que ideias, conhecimento e premissas estão prontamente disponíveis e, mesmo assim, podem ficar defasados muito facilmente.

Parafraseando o escritor e futurista norte-americano Alvin Toffler, é fácil se sentir um analfabeto no século XXI com a pressão constante para aprender, desaprender e reaprender. Aprender, por si só, não é algo difícil — cada um de nós tem seu próprio estilo de aprendizado, que usamos diariamente quando lemos manuais de instrução e exploramos novos processos, situações e desafios. O verdadeiro problema começa quando você tem que aprender algo primeiro, antes de todo mundo. Você pode ficar tão fixado no que já sabe que pode ser difícil descartar o que é velho e abrir as portas para o novo.

Todos os dias nós somos desafiados a desaprender o que pensávamos que sabíamos ou como pensávamos que as coisas deveriam ser feitas.

Desaprender é o campo de batalha do conhecimento no século XXI, e aqueles que conseguem fazer isso mais rápido e reaprender mais depressa vão abrir os novos caminhos.

> Desaprender é o campo de batalha do conhecimento no século XXI.

ENTRE EM AÇÃO

Livre-se do que está velho
Pense em desaprender como uma maneira de abrir espaço para informações novas e mais atualizadas, como apagar arquivos antigos de um HD no computador ou redecorar sua sala de estar, onde você precisa arrancar o papel de parede velho antes de trazer uma nova cor. O problema é que, quando algo funcionou para você no passado, há uma tendência de presumir que isso vai continuar funcionando no futuro. Nem sempre é o caso. Arquivos ficam datados e o mundo do design de interiores avança no tempo. As pessoas mais bem-sucedidas sempre ficam felizes em questionar o que sabem, estão sempre abertas ao contraditório e prontas para desaprender.

Desaprenda suas expectativas e premissas
Evite ideias preconcebidas, premissas e expectativas. Não se fixe no que você espera que vai acontecer antes de fazer algo novo. Mude a sua mentalidade de modo que a sua expectativa seja sentir-se surpreendido, desafiado, decepcionado e forçado a começar tudo de novo em seus pensamentos e ideias. Esteja pronto para desaprender todos os seus conceitos preconcebidos. Expectativas e premissas nunca vão prepará-lo para a realidade. A experiência sempre vai ser diferente do que você espera.

98

SEJA O MENTOR DE OUTRAS PESSOAS DE SUCESSO

> *"A mentoria é algo que nos une — por meio de gerações, classes e frequentemente raças — de um modo que nos força a reconhecer nossa interdependência e perceber, nas palavras de Martin Luther King Jr., que 'estamos presos numa rede inescapável de mutualidade, ligados a uma única trama do destino'."*
> *Marc Freedman*

Um dos segredos do sucesso é ajudar outras pessoas a terem sucesso em seus objetivos. Em sua própria vida, você recebe ajuda e orientação de vários tipos de pessoa — pais, avós, amigos, familiares, professores ou colegas de trabalho. Muitos podem ter lhe orientado sem que percebessem o que estavam fazendo — eles simplesmente conversaram com você, responderam suas perguntas ou mostraram como executar uma tarefa. Você pode ajudar alguém que esteja passando por desafios ou decisões de vida similares às que você já vivenciou. Talvez um amigo precise de ajuda para superar uma demissão, um divórcio ou uma doença grave. Ou talvez você possa ajudar outras pessoas a enxergar o potencial que há nelas mesmas.

> Mentoria é uma maneira importante de ajudar as outras pessoas e de ajudar a si mesmo ao mesmo tempo.

ENTRE EM AÇÃO

Procure ativamente por pessoas que precisem de mentoria
A melhor maneira de dominar alguma coisa é ensiná-la. Se você quiser aprender a criar e ter uma vida de sucesso, então ajude outra pessoa a

aprender a mesma coisa. Esteja pronto para doar seu tempo e atenção para ajudar regularmente outras pessoas em qualquer coisa que elas ainda não dominem. Às vezes, vai ser algo baseado em sua própria experiência de vida e bom-senso, para auxiliar um amigo a se preparar para uma entrevista de emprego ou um colega de trabalho a enfrentar uma crise no casamento. Você também pode oferecer mentorias baseadas nas suas áreas de expertise profissional.

Apoie grupos de mentoria
Pode haver oportunidades para ser mentor de pessoas como parte de uma iniciativa — por exemplo, um plano de leitura em uma escola local ou quando um colega de Recursos Humanos pergunta se algum membro do quadro de funcionários está disposto a ser mentor de novos trainees.

Não se esqueça da sua própria mentoria
Enquanto estiver agindo como mentor de outras pessoas, pense em si mesmo e nas suas necessidades. Como se beneficiaria se recebesse conselhos e ajuda de alguém? Nunca se esqueça das suas próprias necessidades ou jamais sinta-se constrangido em pedir apoio. As pessoas raramente dizem "não" quando se pede isso a elas. A maioria das pessoas adora receber pedidos para orientar e aconselhar os outros; isso faz com que se sintam valorizadas, competentes e importantes.

99

DEIXE UM LEGADO

> *"Acredito que o nosso legado será definido pelas realizações e pela natureza indomável com a qual nossas filhas e nossos filhos enfrentarão os desafios globais com que nos deparamos hoje."*
> *Naveen Jain*

Como você quer ser lembrado? Imagine se pudesse assistir ao seu próprio funeral. O que você gostaria que as pessoas dissessem a seu respeito? Provavelmente não vão nem mencionar seu belo carro, sua casa ou sua credencial de sócio do clube de golfe. É do seu caráter, do seu comportamento e do seu jeito de pensar que as pessoas vão falar. Como você agiu e tratou as pessoas — as qualidades que você trouxe à vida, como generosidade, integridade e gentileza. Shakespeare falou que não há legado mais rico que a honestidade, e Billy Graham disse, certa vez, que o maior legado que deixamos para a nossa família não é a riqueza material, mas sim nosso caráter e fé.

Pense a respeito. Como você se lembra das pessoas que já faleceram? Eu me lembro que meu avô sempre tinha tempo para mim, que minha avó me desafiava a ser sempre melhor e que minha sogra me dizia que uma família sempre devia estar unida.

> Certifique-se de que todos os seus legados, grandes e pequenos, são positivos para as pessoas que ficam.

Mas um legado não é apenas algo que você deixa quando morre. Você deixa um legado independentemente de ter a intenção de fazer isso ou não, em muitas ocasiões na sua vida. Toda vez que se afasta de alguma coisa — um emprego, um local de trabalho, uma escola ou um bairro —, você deixa um legado para trás. Pense nesses minilegados conforme segue em frente com a vida e certifique-se de que todos os seus legados, grandes e pequenos, são positivos para as pessoas que ficarem.

ENTRE EM AÇÃO

Faça uma sessão de feedback

Experimente perguntar às pessoas — amigos, familiares e colegas de trabalho — o seguinte:
- "Como as pessoas se lembrariam de mim se eu desaparecesse de repente?";
- "O que você pensa e sente quando o meu nome é mencionado?";
- "Que ideias ou frases positivas e negativas surgem na sua mente?";
- "Que impacto eu causei na sua vida, em como você pensa, sente e age?".

Escute calmamente, sorria e agradeça-os pelo seu feedback honesto. Se você ouvir algo que lhe cause desconforto, não se precipite ou rebata as críticas, apenas mantenha a calma.

Crie legados conscientemente

Reflita sobre o feedback que recebeu. Você pode ficar surpreso com o que ouviu e perceber que está muito longe de ser alguém perfeito. Pergunte a si mesmo quais são os diferentes legados que quer deixar em seu local de trabalho, na sua família e na comunidade mais ampla.

Explore as lacunas entre os legados que você vem criando até o momento e os legados pelos quais gostaria de ser lembrado. Essa análise de lacunas vai lhe dar algumas áreas para trabalhar. O foco pode ser alguns comportamentos e hábitos a melhorar, parte da sua personalidade a cultivar ou posturas que devem ser mudadas.

Se você perceber que não causou um grande impacto na vida até agora, não se preocupe. Desde que você esteja preparado para admitir seus erros, pedir desculpas se for necessário e agir de maneira diferente, pode mudar a imagem que as pessoas têm a seu respeito. Você pode fazer com que elas se sintam amadas, valorizadas, ouvidas e importantes, mas isso tem que ser feito de maneira autêntica e sincera. Nas palavras da escritora Maya Angelou: "As pessoas vão se esquecer do que você disse, vão se esquecer do que você fez, mas nunca vão se esquecer de como você as fez se sentirem".

100

NÃO SE ARREPENDA DE NADA

> *"... A maior lição da vida do seu avô foi que ele morreu vazio, porque conquistou tudo que queria, sem arrependimentos. Acho que isso, junto com o ato de deixar um legado, seria o maior sinal de sucesso."*
> Marvin Sapp

Apesar da incrível diversidade humana no planeta, todos temos arrependimentos similares quando morremos. Uma enfermeira australiana passou anos cuidando de pacientes à beira da morte e, durante seus diálogos, explorou os maiores arrependimentos daquelas pessoas. Estes são os cinco que ela ouvia com mais frequência:
- "Gostaria de ter tido a coragem de viver uma vida sincera comigo mesmo, em vez de viver a vida que as outras pessoas esperavam de mim";
- "Eu queria não ter trabalhado tanto";
- "Seria melhor se eu não tivesse reprimido minhas emoções para manter a paz e, em vez disso, tivesse a coragem de ter sido mais honesto sobre o que estava sentindo";
- "Gostaria de ter investido mais tempo em amizades e de não ter perdido contato com tantas pessoas no decorrer dos anos";
- "Queria ter me permitido ser mais feliz, sorrido mais e levado a vida menos a sério".

> Sua missão de não ter nenhum arrependimento no fim da vida começa hoje.

Arrependimentos no leito de morte são uma extensão de como vivemos cada dia. Com muita frequência, nós olhamos para o passado e ficamos infelizes com ações e escolhas que fizemos. Sua missão de não ter nenhum arrependimento no fim da vida começa hoje.

ENTRE EM AÇÃO

Com quem você precisa se conectar?
Na sua vida, a quem você deixou de expressar amor ou gratidão? A quem você causou dor e sofrimento? Agora é hora de se conectar com essas pessoas, talvez para pedir desculpas por algo que aconteceu no passado, para agradecê-las ou simplesmente dizer "Eu te amo". Se você não se sente muito à vontade com isso, pergunte a si mesmo se a dor e o arrependimento de não se reconectar seria maior do que a dor de estender a mão para essas pessoas.

O que você realmente quer fazer?
Há alguma coisa que você está deixando de fazer propositalmente por si mesmo ou por outra pessoa?

Espero que este livro tenha renovado a sua autoconfiança para fazer essas coisas em vez de levá-las para o túmulo sem realizá-las. Gostaria que esse fosse o legado deste livro para você.

POSFÁCIO

Passei seis meses escrevendo este livro, seguidos por outros seis meses trabalhando com uma equipe fantástica na editora John Murray Learning, que me ajudou a transformar um manuscrito bruto no livro empolgante e energizante que você tem em mãos hoje.

Durante esses doze meses de labuta literária, me dei conta do quanto é difícil responder à pergunta "Como você quer ser bem-sucedido?" por meio de uma lista de apenas cem itens. Agora entendo por que Leonardo da Vinci disse que a arte nunca é concluída, mas sim abandonada. Você deve ter percebido que alguns dos capítulos deste livro se sobrepõem, e que alguns contêm mais do que uma "coisa". O sucesso, e por conseguinte a vida, são complexos demais para serem divididos e encaixados em cem caixinhas diferentes. Espero que você tenha aprendido que a sua jornada rumo ao sucesso é uma questão de misturar e associar cem coisas e criar suas próprias combinações.

Enquanto escrevia os textos, lia as provas de revisão e conversava com o meu editor, Iain Campbell, percebi que, além das "cem coisas", precisava dar aos meus leitores duas habilidades ou capacidades extras de que eles precisariam para alcançar o sucesso. Posso resumir as duas abaixo:
- Sempre esteja pronto para fazer sacrifícios;
- Não importa o que aconteça, a vida continua.

Vamos analisar cada uma delas em detalhes.

ESTEJA SEMPRE PRONTO PARA FAZER SACRIFÍCIOS

> *"Creio que o bom e o ótimo estão separados apenas pela disposição em fazer sacrifícios."*
> Kareem Abdul-Jabbar

Se eu tivesse um lema pessoal, seria "esteja sempre pronto para fazer sacrifícios", pois isso reflete o que enfrentei durante os anos. Entretanto, só me dei conta da intensidade dos sacrifícios que a vida me exigiu depois que passei doze meses escrevendo este, o meu oitavo livro. Fiquei muito feliz porque aquelas noites e fins de semana que dediquei ao projeto — pesquisando, refletindo e digitando — tinham terminado. Foi somente ao olhar para trás que percebi o quanto eu havia sacrificado durante aquele período: recusei convites para visitar amigos e participar de eventos de networking, além de perder oportunidades para me conectar com clientes novos e antigos.

Em minha missão de compartilhar com o mundo minhas ideias sobre como ter sucesso, tive que pagar o preço — menos tempo e energia para me dedicar à minha atividade de coaching e treinamento, além de menos tempo para ajudar meu filho adolescente a fazer sua lição de casa. Os economistas têm uma expressão para isso: o custo de oportunidade. Buscar o sucesso em uma parte da sua vida pode muito bem significar que você vai deixar uma outra parte passar intocada.

O que você está disposto a sacrificar em sua própria busca pelo sucesso? Pode ser útil refletir sobre essa questão conforme você se aproxima do fim do livro.

> O que você está disposto a sacrificar em sua própria busca pelo sucesso?

NÃO IMPORTA O QUE ACONTEÇA, A VIDA CONTINUA

> *"Consigo resumir em duas palavras tudo o que aprendi sobre a vida: ela continua."*
> Robert Frost

Durante os doze meses que passei escrevendo este livro, vivenciei muitos momentos de dor, de fracasso e do que pode ser descrito como momentos de "insucesso". Alguns desses momentos incluem:

- Um dos amigos do meu filho faleceu antes de se formar no ensino médio;
- A empresa de um amigo, que existia há quinze anos e empregava algumas centenas de pessoas, foi à falência e fechou as portas. Meu amigo agora corre o risco de perder todo seu patrimônio e riqueza;
- A esposa de um amigo foi diagnosticada com câncer em estágio avançado;
- Meu irmão se divorciou;
- Um dos meus clientes mais antigos foi demitido repentinamente e passou meses em busca de um novo emprego.

Você provavelmente vivenciou momentos como esses por conta própria ou observou pessoas à sua volta passarem por algo similar. São nessas situações que quaisquer planos de conquistar objetivos e realizar sonhos parecem estar a um milhão de anos de distância. Em vez disso, seu tempo vai ser dedicado a lidar com fatores como choque, angústia, dor, surpresa, medo e lágrimas, ao mesmo tempo que tenta ajudar outras pessoas.

Mas, como Robert Frost definiu de maneira tão eloquente, a vida continua. Com o tempo, todos nós podemos voltar aos nossos sonhos e objetivos e continuar a trilhar o caminho rumo a uma forma de sucesso ou outra. Além disso, sua experiência de dor, angústia ou tristeza significa que você pode voltar ao seu caminho com mais sabedoria. Indubitavelmente, também, suas prioridades terão mudado — um desejo por uma vida mais saudável pode ter suplantado aquele sonho de comprar um carro esportivo novo, por exemplo.

> Com o tempo, todos nós podemos voltar aos nossos sonhos e objetivos e continuar a trilhar o caminho rumo a uma forma de sucesso ou outra.

E FINALMENTE...

Adoraria ouvir a sua história de sucesso. Conecte-se comigo no LinkedIn ou no Facebook. Você também pode me enviar e-mails usando o endereço *nigel@silkroadpartnership.com*

Primeira edição (abril/2021) • Segunda reimpressão
Papel de capa Cartão 250g
Papel de miolo Lux cream 70g
Tipografias New Aster LT Std, Nexa Light e Chaparral Pro
Gráfica LIS